Petite philosophie des grandes idées

LE PLAISIR

Éditions Eyrolles
61, bd Saint-Germain
75240 Paris Cedex 05
www.editions-eyrolles.com

Chez le même éditeur, dans la même collection :
Le Désir, Cyrille Bégorre-Bret
Le Bonheur, Philippe Danino et Eric Oudin
L'Amitié, Cyrille Bégorre-Bret
L'Amour, Catherine Merrien
L'Art, Cyril Morana et Eric Oudin
La Liberté, Cyril Morana et Eric Oudin
La Religion, Carine Morand
Le Corps, Jeanne-Marie Roux
La Justice, Cyrille Bégorre-Bret

Mise en pages : Compo-Méca - 64990 Mouguerre

Étienne Akamatsu
Éric Oudin
Mariane Perruche

Préface d'André Comte-Sponville

Petite philosophie des grandes idées

LE PLAISIR
De Platon à Onfray

EYROLLES

Sommaire

Préface

Chacun connaît le plaisir. Le corps ne s'y trompe pas. Manger quand on a faim, boire quand on a soif (ou quand mets ou breuvage sont succulents), humer un parfum délectable, contempler un beau paysage, écouter une musique qu'on aime, se délasser quand on est fatigué (quel plaisir, parfois, de retirer ses souliers!), regarder un bon film, rire avec ses amis, pratiquer un sport ou une activité qu'on apprécie, se promener avec la femme ou l'homme qu'on aime, faire l'amour quand on en a envie… Les plaisirs sont innombrables, comme les douleurs, et chacun préfère ceux-là à celles-ci. Cela fait comme une polarité essentielle, antérieure à tout discours — voyez les bêtes ou les nouveau-nés — et qui structure toute notre vie. Le plaisir, la douleur : jouir, souffrir. Ce sont les deux affects fondamentaux, pour le corps comme pour l'âme (même si l'on parle plus volontiers, s'agissant de cette dernière, de joie ou de tristesse), aussi difficiles à définir, comme notions, que faciles, comme expériences, à reconnaître et à distinguer. C'est donc l'expérience qu'il faut suivre, d'autant plus qu'elle parle assez clair. Toute douleur, à la considérer isolément, est mauvaise. Tout plaisir, pris en lui-même, est bon. Cette évidence pourrait presque tenir lieu de définition : le plaisir fait du bien au corps (plaisirs physiques) ou à l'âme (plaisirs spirituels), non par les conséquences qu'on en attend mais en lui-même, du seul fait de le sentir ou de le ressentir. Souvent, c'est parce qu'on satisfait un désir (boire quand on a soif). Mais il arrive aussi que le plaisir soit une sensation ou un sentiment qu'on perçoit, même sans qu'aucun désir l'ait anticipé, comme immédiatement agréable (la fragrance d'un lilas, au hasard d'une promenade). Les deux sont délectables, et cette délectation est le plaisir même. Il y a là comme une sagesse spontanée, sans laquelle aucune sagesse ne serait concevable. Jouir est bon, se réjouir est bon, et rien n'est totalement bon pour nous qui ne soit cause ou promesse de plaisir ou de joie. Montaigne, après et avant bien d'autres, l'a dit comme il fallait : « De vrai, ou la raison se moque, ou elle ne doit viser qu'à notre contentement, et tout son travail tendre en somme à nous faire bien vivre et à notre aise, comme dit la Sainte Écriture. Toutes les opinions du monde en sont là, que le plaisir est notre but, quoiqu'elles en prennent divers moyens [...]. En la vertu même, le dernier but de notre visée, c'est la volupté[1]. » Montaigne, parvenu à ce point, ajoute : « Il me plaît de battre leurs oreilles de ce mot [volupté] qui leur est si fort à contrecœur. » À qui pense-t-il ? Aux philosophes, du moins à la plupart d'entre eux, qui n'ont parlé du plaisir qu'avec circonspection ou réticence. J'y vois comme un paradoxe objectif : le plaisir, par définition, plaît à tous ; mais tous – spécialement chez les philosophes – ne sont pas prêts le suivre, encore moins à le célébrer. Par ascétisme, pudibonderie, haine de soi ? Cela peut arriver. Les philosophes, qui veulent cultiver leur esprit, et ils ont bien raison, ont parfois tendance pour cela, et ils ont bien tort, à mépriser leur corps, à y voir un obstacle, une « prison », comme disait Platon, ou un ennemi. C'est le piège de l'idéalisme, lorsqu'il se met au service de la pulsion de mort. Mais il y a aussi autre chose, que même les penseurs les plus matérialistes doivent reconnaître : la quête éperdue des plaisirs n'a jamais suffi au bonheur de quiconque, ni à une société juste, et peut mener au pire plus souvent qu'au meilleur. Le plaisir du violeur, aussi vif qu'on le suppose, n'est pas moins ignoble pour cela. Même chose pour l'assassin qui tuerait par plaisir : nul n'y verrait une excuse, bien au contraire, mais plutôt une circonstance aggravante ! D'ailleurs, pourquoi tuerait-il, s'il n'en attendait, directement ou indirectement, quelque satisfaction ? C'est la limite de l'hédonisme, qui tient à sa vérité même, au moins descriptive et factuelle. Que le plaisir soit le souverain bien, on peut aisément le soutenir. Que chacun y tende, c'est une évidence. « *Trahit sua quemque voluptas* », chantait Virgile : chacun va où son plaisir l'entraîne. Mais puisque c'est vrai de tous, cela vaut pour le salaud comme pour l'honnête homme, pour le lâche comme pour le héros, pour le fou comme pour le sage, pour l'égoïste comme pour le saint, et ne saurait dès lors suffire à les distinguer. Si le plaisir explique tout, comment permettrait-il, à lui seul, de juger quoi que ce soit ?

---

1. *Essais*, I, 20.

Les hédonistes, on s'en doute, n'ont pas ignoré le problème. Mais ont-ils réussi pour autant à le résoudre ? « Tout plaisir, de par sa nature, est un bien, notait Épicure ; tout plaisir cependant ne doit pas être choisi. De même, toute douleur est un mal, mais toute douleur n'est pas telle qu'elle doive être toujours évitée[1]. » Il faut donc choisir entre les plaisirs. Comment ? « Par la comparaison et l'examen des avantages et des désavantages », répondait Épicure[2]. Soit. Mais selon quels critères ? Faut-il opter pour le plaisir le plus vif ? Le plus durable ? Le plus élevé ? Le plus serein ? Pour moi seul ? Pour mes proches ? Ou bien choisir l'action − fût-elle pour moi désagréable ou risquée − que je crois la plus favorable au bonheur du plus grand nombre ? Les utilitaristes, qui sont les hédonistes modernes, jugeront volontiers que tous ces critères convergent pour l'essentiel : que ce qui contribue le plus au bonheur du plus grand nombre est aussi, pour l'homme vertueux, la cause des plus grands plaisirs. Admettons-le, pour le sage (quoique Épicure, lui, n'y eût pas consenti) ou pour le saint. Mais pour les autres ? Mais pour nous tous ? Si je pense à mes plaisirs les plus vifs, à mes joies les plus intenses, force m'est de reconnaître que le bonheur du plus grand nombre, sans en être en rien diminué, n'y avait guère sa part. Cela ne prouve que ma propre médiocrité ? Sans doute. Mais le Résistant qui meurt sous la torture pour ne pas trahir ses camarades ? Je veux bien qu'il ait agi pour le plaisir (celui du combat, de l'estime de soi, peut-être de l'héroïsme) ou pour éviter une souffrance plus grande (celle d'avoir trahi, ou celles de ses amis, qui seraient vraisemblablement torturés à leur tour). Mais puisque c'est vrai aussi de son tortionnaire, comment le plaisir, qu'ils visent tous deux, pourrait-il donner raison au premier et tort au second ? Et comment, sans tomber dans un cercle, définir la vertu par le plaisir vertueux ? Non, j'y insiste, que les hédonistes aient tort en fait (il est très vrai que nous cherchons le plaisir), mais parce qu'aucun fait ne tient lieu de valeur. Un mensonge qui ferait plaisir à tous (par exemple une flatterie), cesse-t-il pour cela d'être méprisable ? Une sincérité désagréable pour tout le

---

1. *Lettre à Ménécée*, 129-130 (trad. Marcel Conche).
2. *Ibid.*

monde, est-elle forcément condamnable ? On m'objectera que celui qui en fait preuve doit bien y trouver malgré tout un plaisir, au moins indirect (il préférerait autrement se taire ou mentir). J'y consens, mais y verrais plutôt une objection contre l'hédonisme : s'il est toujours vrai en fait, comment pourrait-il juger en droit ? Le principe de plaisir, selon Freud, est doublement universel : il régit l'ensemble de la vie psychique, chez tout être humain. Le principe de réalité le prolonge sans l'abolir. Il s'agit toujours – même en tenant compte des contraintes du réel et de la durée – de jouir le plus possible, de souffrir le moins possible. C'est ce qui interdit au principe de plaisir de valoir comme norme, et à Freud d'être hédoniste. Le principe de plaisir est descriptif ou explicatif. Comment pourrait-il prescrire ou évaluer quoi que ce soit ? Tout comportement en relève ; il ne saurait donc en justifier absolument aucun.

On pense à la belle maxime de Chamfort, que Michel Onfray aime à citer : « Jouis et fais jouir, sans faire de mal ni à toi ni à personne, voilà, je crois, toute la morale[1]. » Toute ? Je n'ai jamais pu le concevoir. Combien de lâchetés agréables, et qui ne font souffrir personne ? Combien de devoirs douloureux ? Qu'il faille choisir entre les plaisirs, comme dit Épicure, « calculer », comme dit Bentham, c'est une évidence. Mais comment croire que plaisirs ou calculs y suffisent ? Autant réduire la vertu à l'arithmétique. Combien de jouisseurs méprisables ? Combien de héros malheureux ? « L'art de jouir », comme disait La Mettrie, est une partie décisive de toute éthique. Mais comment cela suffirait-il à faire une morale ?

On voit que cette notion de plaisir, d'apparence si simple, débouche sur des problèmes à la fois redoutables et passionnants, qui mettent en jeu toutes nos raisons de vivre, voire, parfois, de mourir. Le fort ouvrage qu'on va lire aidera chacun à s'y retrouver. Il éclaire puissamment les enjeux, les questions, les réponses. S'appuyant, c'est l'esprit de cette collection, sur une dizaine de philosophes judicieusement choisis, depuis Platon jusqu'à Michel Onfray, il permet de repérer, entre eux, les lignes de force,

---

1. Chamfort, *Maximes et pensées*, 319.

les conflits, parfois les convergences. On pourra y découvrir des auteurs qu'on ne lit guère (La Mettrie, que j'aime tant), d'autres qu'on lit mal (Sade, Freud) ou que la France s'obstine à méconnaître (la belle figure de Bentham). On fera, même chez des auteurs qu'on connaît bien, d'étonnantes découvertes (je ne me souvenais pas que Kant, sur l'ennui, annonçait à ce point Schopenhauer). On trouvera chez tous, grâce aux belles présentations qui en sont faites, matière à penser, à discuter, à admirer. Je me réjouis que le dernier chapitre porte sur mon ami Michel Onfray : je lui laisse volontiers, même sur nos désaccords, le dernier mot.

André Comte-Sponville

Avant-propos

Il y a quelque chose de simple, d'évident dans le plaisir : si nous ne savons pas toujours le plaisir que nous faisons, si nous sommes encore plus incertains quant à celui que nous donnons, nous sommes sûrs du plaisir que nous éprouvons. Cette évidence concrète du plaisir, et notamment des plaisirs corporels, devrait laisser espérer qu'il soit facile d'en faire le tour et d'en donner une définition claire et distincte. Las ! Qu'une chose soit concrètement éprouvée n'est pas le gage d'une définition plus facile. C'est même le contraire qui est vrai. Il en va de même de tout ce qui est trop concret dans le sens de la présence à l'esprit, ainsi que l'avait déjà noté Bergson : « Qu'est-ce que la conscience ? Vous pensez bien que je ne vais pas définir une chose aussi concrète, aussi constamment présente à l'expérience de chacun de nous[1] ». Il en va du plaisir, comme fait de conscience, comme il en va de la conscience en général : rien n'est plus concret, donc rien n'est plus difficile à définir. Un tel rapprochement n'est nullement hasardeux mais tout à fait de circonstance. Le plaisir, en raison même de sa capacité à fixer toute l'attention de la conscience, est inséparable de la conscience du plaisir.

Cette inséparabilité du plaisir et de la conscience du plaisir est la source d'une nouvelle difficulté : puisque le somatique et le psychique y sont aussi étroitement entrelacés, faut-il en conclure que tout plaisir, même le plus immédiatement corporel, est inséparable de ce qu'y ajoute la conscience qu'on en prend (pensée, anticipation, etc.) ou que tout plaisir, même le plus spirituel (par exemple le plaisir intellectuel) est par essence et fondamentalement somatique ? Selon la réponse que l'on donnera à cette question, on sera tenté soit de promouvoir ce qu'a de spirituel le plaisir physique soit de déprécier ce qu'a de somatique le plaisir spirituel.

---

1. « La conscience et la vie », in *L'énergie spirituelle*, 1919.

Mais, même à se situer d'un point de vue normatif, les choses sont plus compliquées qu'on ne pourrait le croire. D'après Platon, le plaisir de la chair est le plus vif : « Il n'est pas de plaisir plus puissant que celui dispensé par Éros », écrit-il dans *Le Banquet*[1]. Et à en croire Épicure, « le plaisir du ventre » est la matrice indiscutable de tous les autres plaisirs, « le principe et la racine de tout bien[2] ». Et d'ajouter : « Le cri de la chair : ne pas avoir faim, ne pas avoir soif, ne pas avoir froid. Celui qui a ces choses, et l'espoir de les avoir, peut rivaliser avec Zeus en bonheur[3]. » Si les plaisirs de la chair et ceux du ventre se voient d'emblée reconnaître une telle importance, fondatrice, par de si éminents philosophes, que tout oppose, y compris et surtout sur la question du plaisir, comment comprendre qu'au fil du temps, ces mêmes plaisirs, aient été, et de loin, les plus méprisés, sinon purement et simplement les plus déniés ?

À vouloir distinguer les plaisirs spirituels des plaisirs corporels, afin de valoriser ceux-là aux dépens de ceux-ci, introduit-on de la clarté ou de la confusion ? L'extase de la « Bienheureuse » Ludovica Albertini[4], telle que le Bernin la sculpte dans une théâtralisation de la foi propre à l'art baroque, est-elle mystique ou sexuelle, religieuse ou orgasmique ? Les deux sans doute... Mais une telle réponse, pour sensée qu'elle soit, n'est pas de nature à clarifier les choses...

Les ambiguïtés qui pèsent sur la question de la valeur du plaisir ne sont donc pas moindres que celles attachées à sa nature ; à celles que nous venons de signaler, on peut encore ajouter cette autre : n'est-il pas surprenant que le plaisir, malgré son aspect évidemment régulateur − comment pourrions-nous survivre si nous étions incapables de distinguer le plaisir de la douleur ? − ait été à ce point déprécié au cours de l'histoire ? Comment comprendre que la douleur, à l'inverse, ait été singulièrement valorisée, soit qu'on lui prête une dimension religieuse expiatoire,

---

1. *Le Banquet*, 196a.
2. Fragment 409 de l'édition Usener.
3. *Sentences vaticanes*, § 33.
4. Que l'on peut admirer dans la chapelle Altieri de l'église San Francesco a Ripa, à Rome.

soit la valeur d'un indice sûr, indispensable à l'étiologie médicale ? Si incompréhensible soit-elle, cette dépréciation du plaisir atteint en retour la compréhension que nous avons de sa nature même : au contraire de la douleur, le plaisir serait difficilement identifiable, sinon à le définir négativement, comme absence de douleur justement.

Telles sont les questions que pose à la réflexion philosophique l'évidence du plaisir. Nous les retrouverons, ainsi que quelques autres, âprement discutées de l'Antiquité au xxe siècle. Nous n'avons pas eu le souci d'une impossible exhaustivité mais seulement celui de donner une idée de leur diversité. Et c'est la raison pour laquelle nous avons choisi de sortir du corpus philosophique strictement compris, faisant une place à Sade ou encore à Freud, pour faire droit aux apologies du plaisir autant qu'aux pensées qui le déprécient. Les choix que nous avons effectués sont forcément discutables et il nous faudrait demander à nos lecteurs d'être indulgents, mais nous préférons, et de beaucoup, souhaiter qu'ils éprouvent en lisant ces pages le même plaisir que nous avons eu à les écrire.

1/ **Platon**
ou la place du plaisir

Pour commencer...

Platon est né en 427 av. J.-C. dans une famille noble d'Athènes. Le grand événement qui décide de sa vocation est sa rencontre avec Socrate dont il devient le disciple. À la mort de ce dernier, en 399 av. J.-C., Platon commence une œuvre importante qui est d'abord entièrement vouée à rapporter l'enseignement de son maître et à le réhabiliter aux yeux des Athéniens. Après une série de voyages qui le conduit de Mégare à la Sicile en passant par l'Égypte, de retour à Athènes, Platon fonde l'Académie en 387 av. J.-C. Première grande école du monde antique, au fronton de laquelle il fera inscrire « Que nul n'entre ici s'il n'est géomètre », avec des salles de cours et une bibliothèque. Platon y enseignera jusqu'à sa mort, en 347 av. J.-C.

À trois reprises, en 388, en 367, puis en 361 av. J.-C., Platon se rend en Sicile. Lié d'amitié à Dion, conseiller de Denys l'Ancien, tyran de Sicile, il tente de convertir à la philosophie ce dernier, puis son fils qui lui succède sur le trône. En vain : chaque voyage est un échec. L'un d'entre eux faillit coûter cher à Platon : vendu comme esclave à Égine, il fut reconnu par un compatriote et racheté (388 av. J.-C.). S'il n'a pas eu une action politique couronnée de succès, Platon n'en a pas moins durablement influencé la politique occidentale par les œuvres majeures que sont *La République*, *Le Politique* ou *Les Lois*.

On qualifie volontiers de platonique une relation amoureuse dont la sexualité est absente. Et on ne manque pas de citer les textes du *Banquet* qui justifient, semble-t-il, cet usage. Philosophe spiritualiste, Platon ne passe pas pour avoir fait grand cas du plaisir, au contraire de son contemporain Aristippe. Mais on jugerait trop vite que les dialogues de Platon ne contiennent que des diatribes contre le plaisir et la vie des débauchés. Platon ne doit pas être lu à partir de ce que l'Église en a retenu ! Une condamnation pure et simple du plaisir aurait d'ailleurs été inconcevable pour un Grec. Une lecture attentive de ses dialogues nous montre plutôt Platon soucieux de déterminer la place que le plaisir doit occuper dans la vie pour que cette vie soit une vie bonne. D'ailleurs, il oppose moins le plaisir et la sagesse qu'il n'entend les conjuguer, avec justice, c'est-à-dire en mesurant leur importance respective.

L'hédonisme réprouvé

Le philosophe et les plaisirs

Le portrait que dresse Platon de Socrate dans le *Banquet* nous le montre maître de lui-même en la circonstance, au contraire par exemple d'un Aristophane tellement saoul qu'un hoquet indiscret l'empêche de parler. Et puis surtout, à la fin du dialogue, Alcibiade également pris de boisson, fait confidence aux hôtes présents de la vanité des efforts qu'il a déployés pour séduire Socrate, lui dont tous, pourtant, voudraient être l'amant.

« Je me soulevai donc, et, sans lui laisser la possibilité d'ajouter le moindre mot, j'étendis sur lui mon manteau – en effet c'était l'hiver –, je m'allongeai sous son grossier manteau, j'enlaçai de mes bras cet être véritablement divin et extraordinaire, et je restai couché contre lui toute la nuit. Là-dessus non plus, Socrate, tu ne diras pas que je mens. Au vu des efforts que moi j'avais consentis, sa supériorité à lui s'affirmait d'autant : il dédaigna ma beauté, il s'en moqua et se montra insolent à mon égard. Et c'était précisément là que je m'imaginais avoir quelque chance, messieurs les juges, car vous êtes juges de la superbe de Socrate. Sachez-le bien. Je le jure par les dieux, par les déesses, je me levai après avoir dormi aux côtés de Socrate, sans que rien de plus ne se fût passé que si j'avais dormi auprès de mon père ou de mon frère aîné.

Imaginez, après cela, quel était mon état d'esprit. D'un côté je m'estimais méprisé, et de l'autre j'admirais le naturel de Socrate, sa modération et sa fermeté. J'étais

*tombé sur un homme doué d'une intelligence et d'une
force d'âme et que j'aurais cru introuvables[1].* »

Parce qu'il ne se laisse pas dominer par les plaisirs, Socrate reste
le maître de ses désirs. Il donne ainsi l'exemple du gouvernement
de soi tel que Platon le définit dans le livre IV de *La République*.

Le gouvernement de soi

Une cité bien gouvernée est une cité dans laquelle les parties
qui la composent reçoivent selon leur dû et contribuent
harmonieusement au bon fonctionnement du tout. Les rôles
sont ainsi divisés entre ceux qui satisfont les besoins matériels
(artisans, laboureurs, commerçants), les gardiens qui assurent la
défense de la cité et les gouvernants. Chacun, suivant sa nature,
tiendra son rang dans la société. On peut définir la justice comme
vertu de l'ensemble : elle est la force qui contraint chaque citoyen
à ne s'occuper que de ses propres affaires.

Mais ce qui vaut pour le gouvernement de la cité vaut également
pour le gouvernement de soi, qui sera juste aux mêmes conditions
exactement. Tout en étant une, l'âme est composée de trois
parties. Ces trois parties sont analogues aux trois classes sociales
qui composent la cité. Comme pour la cité, l'unité résulte
de l'harmonie des parties. De même qu'il y a dans la cité des
dirigeants, des gardiens et des artisans ou commerçants, il y a
dans l'âme une partie raisonnable (c'est la raison), une partie
ardente, énergique et courageuse (c'est le cœur) et une partie
désirante (c'est le ventre). À chaque partie correspond une vertu,
une excellence propre : pour la raison, c'est la sagesse ; pour le
cœur, c'est le courage ; pour les désirs, c'est la tempérance. À ces
trois vertus, il convient d'en ajouter une qui est en quelque sorte
la vertu de l'ensemble, la justice une fois encore. Dans l'âme,
elle consiste, de même que dans la cité, en l'équilibre de ses
différentes parties : il convient que chacune reste à la place qui lui
revient, et dans le respect des hiérarchies. Il est juste que la raison
commande, et c'est pourquoi l'emprise que les désirs peuvent

1. *Le Banquet*, 219b-d.

prendre sur l'âme est injuste. Le désordre social et les maladies de l'âme sont une et la même chose : la révolte des parties basses contre les supérieures.

La vie bonne est ainsi le contraire de ce qu'affirment ceux qui laissent libre cours aux plus déréglés de leurs désirs. Tel est le sens du débat qui oppose Socrate à Calliclès dans le *Gorgias*.

> « *Socrate : Alors explique-moi : tu dis que, si l'on veut vivre tel qu'on est, il ne faut pas réprimer ses passions, aussi grandes soient-elles, mais se tenir prêt à les assouvir par tous les moyens. Est-ce bien en cela que la vertu consiste ?*
>
> *Calliclès : Oui, je l'affirme, c'est bien la vertu !*
>
> *Socrate : Il est donc inexact de dire que les hommes qui n'ont besoin de rien sont heureux ?*
>
> *Calliclès : Oui, parce que, si c'était le cas, les pierres et même les cadavres seraient tout à fait heureux*[1] ! »

La vie sage et la vie déréglée

Selon Calliclès, la vie bonne, c'est d'éprouver des désirs – aussi déréglés soient-ils – et par là de s'éprouver bien vivant. Socrate voudrait le convaincre du contraire et compare la vie de l'homme déréglé à la vie d'un homme qui transporterait des biens doux et précieux (lait, miel et vin) dans des tonneaux (ou plutôt des amphores) percés. À quoi Calliclès répond que l'homme content (dont le tonneau est plein une fois pour toutes) a la vie d'une pierre et n'éprouve plus rien, ni le désir d'être satisfait, ni le plaisir de la satisfaction. En fait d'une vie bonne, une telle vie, objecte Socrate, non sans quelque agressivité, est comparable à celle d'un oiseau qui « mange et fiente en même temps[2] » ou encore à celle d'un galeux qui se gratte la tête ou d'un animal obscène qui se gratte de manière obscène le reste du corps.

---

1. *Gorgias*, 492d-e.
2. *Ibid.*, 494b.

Pour Socrate il y a dans les désirs un principe de dérèglement auquel il serait illusoire d'opposer la satisfaction qui constitue le plaisir. Le plaisir est incapable d'éteindre le désir qui renaît toujours et l'homme que rien ne peut satisfaire est évidemment enclin à chercher plus loin la satisfaction qu'il recherche, dans des plaisirs plus vifs. Vivre selon le désir, c'est chercher des émotions, des plaisirs, de plus en plus forts, et se livrer chaque jour plus complètement aux pires des dérèglements. Que l'enfer nous habite, c'est ce dont nous pouvons nous convaincre, explique le Socrate de *La République*, si nous considérons que les désirs sauvages et déréglés, quand ils n'apparaissent pas au grand jour pour se satisfaire, profitent du sommeil de la raison pour apparaître dans les rêves :

> « *[ces désirs] sont ceux qui s'éveillent à l'occasion du sommeil, toutes les fois que dort la partie de l'âme dont le rôle est de raisonner et de commander par la douceur à l'autre, tandis que la partie bestiale et sauvage, s'étant emplie de nourriture ou de boisson, se trémousse et, en repoussant le sommeil, cherche à aller de l'avant et à assouvir son penchant propre. Tu sais fort bien qu'en une telle occurrence il n'est point d'audace devant quoi elle recule, comme déliée, débarrassée de toute honte et de toute réflexion : ni en effet devant l'idée de vouloir s'unir à sa mère ou à n'importe qui, homme, Divinité, bête ; de se souiller de n'importe quel meurtre ; de ne s'abstenir d'aucun aliment. En un mot, sur aucun point elle n'est à court de déraison ni d'indifférence à la honte*[1]. »

Le sommeil de la raison engendre des monstres

Écrivain de renom, artiste froid et mesuré, Gustav von Aschenbach, personnage de la nouvelle de Thomas Mann *La Mort à Venise* (1912) tente de résister à la séduction qu'exerce sur lui un bel adolescent, lors d'un séjour à Venise.

---

1. *La République*, 571d.

« Cette nuit-là il eut un rêve épouvantable [...], si l'on peut nommer du nom de rêve ce drame du corps et de l'esprit qui sans doute se produisit alors qu'il dormait profondément et se présentait sous des formes sensibles et en totale indépendance de lui [...].
Cela commença par de l'angoisse, de l'angoisse et de la volupté, et, mêlée à l'horreur, une curiosité de ce qui viendrait ensuite. La nuit régnait et ses sens étaient en éveil; car venant du lointain on entendait s'approcher un tumulte, un fracas, un brouhaha fait d'un bruit de chaînes, de trompettes, de grondements sourds pareils au tonnerre, des cris aigus de la jubilation et d'un certain hurlement, de hululements avec des "ou" prolongés, le tout mêlé de chants de flûte, roucoulants et graves, voluptueux et éhontés, qui ne cessaient point, qui de leur horrible douceur dominaient le reste, et libidineusement prenaient l'être aux entrailles. Mais il connaissait un mot obscur et qui pourtant désignait ce qui allait venir "la divinité étrangère!" [...]
Aux coups des timbales son cœur retentissait, son cerveau tournait, il était pris de fureur, d'aveuglement, une volupté l'hébétait et de toute son âme il souhaitait entrer dans la ronde de la divinité [...] Et son âme connut le goût de la luxure, l'ivresse de s'abîmer et de se détruire[1]. »

Décidément, la vie bonne ne saurait être intempérante: elle se confond avec la vie mesurée dans laquelle les désirs sont gouvernés par la raison et les plaisirs passent après la maîtrise de soi. L'hédonisme que réprouve Platon, c'est celui qui fait du plaisir la mesure de la vie heureuse. Ce n'est pas condamner absolument le plaisir, tant s'en faut.

1. Thomas Mann, *La mort à Venise*, chapitre VI.

Les différentes formes de plaisir

Les plaisirs « esthétiques »

Si le plaisir ne saurait faire l'objet d'une condamnation globale, c'est d'abord parce que les plaisirs étant de nature différentes, il faut distinguer entre eux des valeurs différentes. Ainsi tandis qu'il s'interroge sur le beau et se demande s'il ne se définirait pas comme l'occasion d'un plaisir, Socrate est conduit à exclure les plaisirs provoqués par d'autres sens que la vue et l'ouïe. C'est ce dont s'étonne d'ailleurs l'interlocuteur virtuel de Socrate et d'Hippias dans le dialogue :

> « *Pourquoi donc, Hippias et Socrate, faites-vous une distinction entre le plaisir en général et le plaisir en particulier que vous appelez beau, et pourquoi prétendez-vous que les plaisirs des autres sensations, ceux du manger et du boire, ceux de l'amour et tous les autres du même genre, ne sont pas beaux ? Est-ce que ce ne sont pas des choses agréables et pouvez-vous soutenir que les sensations de cette espèce ne causent absolument aucun plaisir et qu'on n'en trouve que dans la vue et dans l'ouïe*[1] *?* »

La réponse de Socrate est sans ambiguïté : de tels plaisirs ne sauraient définir le beau, parce qu'ils sont laids plutôt que beaux :

> « *C'est que, dirons-nous, tout le monde se moquerait de nous, si nous disions que manger n'est pas agréable, mais beau, et qu'une odeur suave n'est pas chose agréable, mais belle. Quant aux plaisirs de l'amour, tout le monde nous soutiendrait qu'ils sont très agréables, mais que, si on veut les goûter, il faut le faire de manière à n'être vu de personne, parce qu'ils sont très laids à voir*[2]. »

---

1. *Hippias majeur,* 298d-e.
2. *Ibid.,* 299a.

La distinction que fait ici Platon anticipe évidemment sur la distinction kantienne entre l'agréable et le beau et elle inaugure une longue tradition philosophique qui associe au beau des plaisirs désintéressés et les plus spirituels de nos sens. Platon est le premier à suggérer le caractère paradoxal du plaisir que provoque la contemplation du beau : n'est-ce pas un plaisir qui s'adresse davantage à l'esprit qu'au corps qui en est l'occasion ? Du *Banquet* à l'*Esthétique* de Hegel, la philosophie occidentale ne cessera d'approfondir cette question.

Les plaisirs corporels et le manque

S'il faut distinguer entre les plaisirs sensibles, il faut également reconnaître l'existence de plaisirs d'une valeur supérieure, les plaisirs plus proprement spirituels. La supériorité des plaisirs de l'esprit, par différence d'avec les plaisirs du corps, c'est qu'ils sont libres en ce sens très précis qu'ils ne dépendent d'aucune douleur antérieure.

Les plaisirs du corps, au contraire, sont serviles en ce sens qu'ils naissent sous condition – la condition d'une souffrance antérieure sans laquelle ils n'existeraient pas, ainsi du plaisir de manger quand on a faim ou du plaisir de boire quand on a soif. Qui a soif désire la réplétion mais éprouve actuellement le vide : c'est nécessairement par la mémoire qu'il pense à la réplétion. La conséquence s'impose d'elle-même : « il n'y a pas de désir du corps[1] ». En effet :

> « *L'effort de tout être vivant tend toujours vers l'état contraire à l'état présent du corps. [...] Or cet appétit qui pousse vers des affections contraires aux affections actuelles prouve bien qu'il existe une mémoire de ces affections contraires. [...] En montrant que c'est la mémoire qui pousse vers les objets désirés, cet argument relève du même coup que l'appétit, le désir, le principe moteur de tout animal appartient à l'âme[2].* »

---

1. *Philèbe*, 35c.
2. *Ibid.*, 35c-d.

Le désir est toujours souffrance dans le corps, sensation de vide. À quoi s'ajoute la jouissance ou la souffrance de l'âme elle-même : dans le premier cas, elle garde l'espoir d'une réplétion dont elle a jouissance à se souvenir, dans le second elle demeure sans espoir de la réplétion et sa souffrance ajoutée à celle du corps produit une double douleur.

Jouissance et souffrance mêlées

Conditionnés par une souffrance antérieure, les plaisirs du corps ne l'annulent jamais. Ainsi, obtenant satisfaction, le corps jouit et souffre à la fois. Par exemple, lorsque ayant froid on se réchauffe et plus généralement chaque fois que se mêlent la douceur du plaisir et l'amertume du manque et que naissent l'impatience et l'excitation. Quand la douleur l'emporte, par exemple quant un galeux se gratte, l'excitation est à son paroxysme et l'impatience, le désir de se délivrer de la souffrance, à leurs maxima. À l'inverse, l'exemple est à l'évidence celui du plaisir sexuel dont Platon souligne la part de souffrance qu'il comporte :

> « *Quand, au contraire, c'est le plaisir qui domine en tous ces mélanges, ce qu'il y a de douleur mêlée produit un chatouillement et un léger agacement, mais d'autre part le plaisir mélangé en bien plus forte proportion contracte tout le corps, le crispe parfois jusqu'aux sursauts, et le faisant passer par toutes les couleurs, toutes les gesticulations, tous les halètements possibles, produit une surexcitation générale avec des cris d'égaré[1].* »

Les plaisirs les plus vifs, qui sont aussi les plus déréglés, sont ceux en lesquels ce mélange impur se fait le plus nettement voir. Ainsi, ceux qui souffrent de la fièvre et de la faim ressentent plus fortement la faim et la soif, et le plaisir qu'ils éprouvent à les satisfaire n'en est que plus vif. Par conséquent,

---

1. *Ibid.*, 47a-b.

« Si l'on veut découvrir les plus grands plaisirs, ce n'est pas dans l'état de santé, mais dans la maladie qu'il faut les aller chercher[1]. *»*

C'est donc dans la démesure plutôt que dans la vie tempérante que naissent les plus grands plaisirs et les plus grandes douleurs.

Les plaisirs de l'esprit sont des plaisirs purs

À l'inverse, les plaisirs de l'esprit ne sont pas conditionnés de la même manière et c'est en quoi ils méritent d'être dits purs.

« Ajoutons donc encore à ces plaisirs ceux que procurent les sciences, si nous n'y trouvons pas incluse une fringale d'apprendre et, avec cette faim des sciences, une douleur originelle[2]. *»*

La conclusion de cette confrontation entre plaisirs du corps et de l'esprit s'impose d'elle-même. Les plaisirs du corps, au contraire des plaisirs de l'esprit, ne sont pas d'authentiques plaisirs, n'en déplaise au vulgaire qui les recherche avant tout, à l'instar des animaux. Les plaisirs corporels ne sauraient donc être les plus importants...

« [...] Même si tous les bœufs et les chevaux et toutes les bêtes à l'envi témoignent du contraire par leur chasse à la jouissance ; le vulgaire s'y fie, comme les devins aux oiseaux, pour juger que les plaisirs sont les facteurs les plus puissants de la vie bonne, et regarde les amours des bêtes comme des témoins plus autorisés que ne sont les amours nourris aux intuitions rationnelles de la muse philosophique[3]. *»*

Ainsi le plaisir du savoir est-il réservé au philosophe qui a la vie la plus heureuse. Plus heureuse en tout cas que la vie de l'ami

---

1. *Ibid.*, 45c.
2. *Ibid.*, 52a.
3. *Ibid.*, 67b.

des honneurs ou celle de l'ami des richesses qui ne sauront jamais rien du plaisir que donne la connaissance des réalités véritables.

Qu'est-ce qu'une vie de plaisir ?

Tout âge, dit-on, a ses plaisirs. Heureux, par conséquent, ceux qui vivent assez longtemps pour les goûter tous. Sans doute faut-il, comme dit le poète, cueillir les roses de la vie quand il est temps de les cueillir, mais ne croyons pas que les plaisirs qu'elles offrent soient les seuls que la vie nous réserve. Il est absurde mais assez commun de vouloir jouir toute sa vie des plaisirs propres à la jeunesse et de les regretter au lieu de profiter de ceux qu'offrent les autres âges de la vie. Si le printemps est délicieux, l'automne a ses charmes propres.

Le même raisonnement s'applique concernant la nature des plaisirs dont nous pouvons jouir. De même que l'on croirait à tort que les plaisirs de la jeunesse sont les seuls plaisirs que la vie puisse offrir, on se tromperait encore en croyant que les plaisirs les plus sensuels sont les seuls qui définissent une vie de plaisir. Un homme qui leur ajoute les plaisirs de l'esprit, ceux qui résultent de l'éducation et de la culture, a davantage une vie de plaisir que celui qui se limite aux premiers. C'est même une des raisons majeures de vouloir la diffusion de la culture, des arts et des humanités : il est évidemment injuste que tant d'hommes ignorent les plaisirs qui en résultent, faute d'avoir eu la possibilité de les éprouver.

Quelques plaisirs exceptionnels

Si les plaisirs de l'esprit sont dans l'ensemble plus purs que les plaisirs qui viennent du corps, il n'en demeure pas moins des exceptions que reconnaît Platon, par exemple celle des plaisirs de l'odorat qu'il ne compte pas au nombre des plaisirs serviles, bien qu'ils soient indiscutablement corporels :

« *Ceux-ci se produisent en effet avec une force exceptionnelle, tout d'un coup, sans aucune souffrance préalable chez le sujet ; et, quand ils cessent, ils ne laissent aucune souffrance après eux[1].* »

La distinction entre plaisirs purs et serviles ne recoupe donc pas exactement la distinction entre plaisirs sensibles et plaisirs de l'esprit. Et d'autant moins qu'il y a des plaisirs mélangés qui se produisent dans l'âme seule, quand elle est agitée de sentiments contraires, ce qui se voit aisément quand nous jouissons du ridicule d'un ami, et plus généralement dans le plaisir que nous prenons aux comédies, ou encore dans celui que nous prenons aux spectacles tragiques, surtout quand ils nous émeuvent aux larmes.

« *Quand nous entendons Homère ou quelque autre poète tragique imiter un héros dans la douleur, qui, au milieu de ses lamentations, s'étend en une longue tirade, ou chante, ou se frappe la poitrine, nous ressentons, tu le sais, du plaisir, nous nous laissons aller à l'accompagner de notre sympathie, et dans notre enthousiasme nous louons comme un bon poète celui qui, au plus haut degré possible, a provoqué en nous de telles dispositions. [...] Mais lorsqu'un malheur domestique nous frappe, tu as pu remarquer que nous mettons notre point d'honneur à garder l'attitude contraire, à savoir rester calmes et courageux, parce que c'est là le fait d'un homme, et que la conduite que nous applaudissions tout à l'heure ne convient qu'aux femmes. [...] Or, est-il beau d'applaudir quand on voit un homme auquel on ne voudrait pas ressembler — on en rougirait même — et, au lieu d'éprouver du dégoût, de prendre plaisir à ce spectacle et de le louer[2] ?* »

---

1. *La République*, 584b.
2. *Ibid.*, 605c-e.

Délicieuse souffrance...

Dans sa *Recherche philosophique sur l'origine de nos idées du beau et du sublime*, Edmund Burke (1729-1797) appelle délice le plaisir qui résulte de l'éloignement de la douleur et du danger. Un plaisir assez naturel, s'il n'était emprunt d'une certaine perversité: il y a effectivement quelque délice à voir souffrir autrui quand on est soi-même hors de danger.

« Nous nous tromperions [...] beaucoup, à ce que je crois, si nous attribuions une grande part du plaisir que nous donne la tragédie à la pensée que la tragédie est une imposture, et que ce qu'elle représente est dépourvu de réalité. Plus elle approche de la réalité et plus elle éloigne de nous toute idée de fiction, plus son pouvoir est parfait. Mais, quel que soit son pouvoir, il n'atteindra jamais celui de la réalité qu'elle représente. Fixez une date pour la représentation de la plus sublime et la plus touchante de nos tragédies [...] et quand le public sera rassemblé, juste au moment où les esprits seront tendus par l'attente, faites annoncer qu'un criminel d'état de haut rang va être exécuté sur la place voisine; en un clin d'œil le vide du théâtre montrera la faiblesse comparée des arts imitatifs et proclamera le triomphe de la sympathie réelle. L'idée que la réalité excite une simple douleur, alors que sa représentation nous procure du délice provient, je crois, de ce que nous ne distinguons pas assez la chose que nous ne voudrions absolument pas faire de celle que nous serions avides de voir, une fois faite. Nous sommes ravis de voir des événements que, loin de provoquer, nous souhaiterions de tout cœur empêcher [...] Ainsi est-il certain qu'il faut absolument que ma vie soit à l'abri d'un danger imminent pour que je puisse trouver du délice dans les souffrances d'autrui, réelles ou imaginaires, ou à vrai dire dans toute autre chose, de quelque cause qu'elle procède[1]. »

---

1. *Recherche philosophique sur l'origine de nos idées du beau et du sublime*, Paris, 1990, pp. 87-90.

Plaisirs vrais et plaisirs illusoires

Ce qui, dans ces conditions, reste le plus important, c'est de distinguer entre plaisirs irréels et plaisirs vrais ; les plaisirs impurs, mêlés de souffrance ne pouvant être dits vrais, sont plutôt des plaisirs illusoires.

À l'opposé, les plaisirs qu'il faut tenir pour vrais sont, par exemple :

> « *Ceux qui naissent des couleurs que nous appelons belles, des formes, de la plupart des parfums et des sons, de toute jouissance dont le manque n'est ni pénible ni sensible, alors que leur présence nous procure des plénitudes senties, plaisantes, pures de toutes douleurs. [...] Ainsi par la beauté des formes, ce que j'essaie d'exprimer n'est pas ce que comprendrait le vulgaire, par exemple la beauté de corps vivants ou de peintures ; c'est de lignes droites que je parle [...] et de lignes circulaires, et des surfaces et des solides qui en proviennent, à l'aide soit de tours soit de règles et d'équerres, si tu comprends bien. De telles formes, en effet, j'affirme qu'elles sont belles non pas relativement, comme d'autres, mais belles toujours, en elles-mêmes, par nature, et qu'elles ont leurs plaisirs à elles, nullement comparables à ceux des démangeaisons : belles aussi les couleurs de ce type, et sources de plaisir* [1]. »

Ainsi l'idéaliste Platon se garde-t-il de méconnaître la pureté de certains plaisirs sensibles, qu'il distingue des plaisirs les plus matériels comme la faim et la soif. Non seulement il y a des plaisirs qui, pour sensibles qu'ils soient, ne viennent combler aucun manque et ne font cesser aucune souffrance, mais encore il y a les plaisirs de l'esprit qui ne sauraient en aucune façon répondre à un tel cadre.

Après de tels jugements, on devine que la sagesse ne saurait, selon Platon, impliquer le rejet des plaisirs. Ami du savoir, le philosophe se doit, ici comme ailleurs, de rejeter l'illusoire pour

---

1. *Philèbe*, 51b-c.

épouser le vrai : si les plaisirs illusoires sont des fantômes que l'on poursuit en vain, les plaisirs réels ne sauraient être écartés de la définition d'une vie bonne. La question est de déterminer, avec la plus grande justesse, la place qu'ils doivent y occuper.

Le plaisir et la vie mixte

Les prétendants

Les textes de Platon donnent souvent l'exemple de ce que Nietzsche appelle la culture *agonique* des grecs, c'est-à-dire leur goût pour la rivalité et la compétition entre prétendants. Ce goût se manifeste lors des dionysies, quand les grands tragédiens entrent en compétition les uns avec les autres, aux Jeux olympiques évidemment ou encore sur la scène démocratique où s'affrontent les orateurs. Mais il se manifeste également comme une certaine manière de poser les problèmes philosophiques, où les thèses rivales s'affrontent comme les prétendants autour de Pénélope dans Homère.

Dans le *Philèbe*, la question est de savoir

> « *Si ce que nous devons appeler le bien, c'est le plaisir ou la sagesse, ou quelque tiers prétendant*[1]. »

Les deux thèses qui s'affrontent sont celle de Philèbe, défendue par Protarque, et celle de Socrate, ainsi qu'il l'expose lui-même dès l'ouverture du dialogue :

> « *Philèbe affirme donc qu'est bon, pour tout ce qui vit, la jouissance, le plaisir, le contentement et toutes affections qui rentrent dans ce genre. Nous prétendons, au contraire, que ce n'est pas cela et que la sagesse, l'intellect, la mémoire et tout ce qui leur est apparenté, opinions droites et raisonnements vrais, ont plus de prix*

---

1. *Ibid.*, 14b.

et de valeur que le plaisir pour tous les êtres capables d'y participer[1]. »

Le plaisir ne suffit pas

Une chose est sûre : le bien ne saurait être que parfait et rien ne saurait lui manquer.

Il faut donc examiner la vie de plaisir et la vie de sagesse à part l'une de l'autre. Pour que l'une ou l'autre soit le bien véritable, elle ne doit avoir besoin d'aucun complément. Il faut par conséquent

> *« qu'il n'y ait ni sagesse en la vie de plaisir, ni plaisir en la vie de sagesse[2] ».*

À la question de savoir s'il accepterait de vivre sa vie entière

> *« Dans la jouissance des plus grands plaisirs[3]. »*

Protarque répond qu'il n'aurait alors besoin de rien d'autre, goûtant une jouissance intégrale. Ni la conscience, ni l'intellect, ni la mémoire, ni la prévision ne lui manqueraient :

> *« J'aurais tout du moment que j'aurais la jouissance[4]. »*

Erreur, remarque Socrate, vivre ainsi rendrait impossible de jouir du moindre plaisir :

> *« Privé que tu serais de l'intellect, de la mémoire, de la science, de l'opinion vraie, la première chose qui te manquerait nécessairement ce serait ceci-même, de savoir si tu jouirais ou non, puisque tu serais vide de toute conscience [...] Tu vivrais non pas une vie d'homme,*

---

1. *Ibid.*, 11b.
2. *Ibid.*, 20e.
3. *Ibid.*, 21a.
4. *Ibid.*, 21b.

mais celle d'un poumon marin ou celle de toute bête marine emprisonnée dans sa coquille [1] *? »*

Ainsi le plaisir ne saurait être à lui seul le bien, puisqu'il lui manque quelque chose pour être lui-même. Cette discussion peut sembler à la limite de la rhétorique, sinon de la casuistique, mais elle montre en réalité à quel point il est absurde, contrairement aux apparences, de ne vouloir rien d'autre que le plaisir. Il va d'ailleurs en aller de même de la sagesse...

La sagesse non plus

Quel homme, en effet, pourrait accepter de vivre sans le plaisir ? Ni Socrate, ni encore moins Protarque. Même conclusion par conséquent que pour la vie de plaisir : ne se suffisant pas à elle-même, la vie sage ne saurait être à elle seule le souverain bien.

On pourrait s'étonner que Platon écarte si nettement l'idée selon laquelle la vie de sagesse exempte de plaisir serait la définition même de la vie bonne, tant il aurait été conforme à sa réputation qu'il l'adopte. Alors qu'il tente de caractériser les espèces du plaisir et de la douleur, Socrate commence par distinguer les deux espèces que constituent les plaisirs et les douleurs du corps d'une part et de l'âme d'autre part. Chaque fois que l'unité et l'harmonie qui constituent un être vivant sont altérées ou détruites, il éprouve de la douleur. Mais dès qu'elles sont restaurées, « ce retour à la nature est plaisir [2] », ainsi quand on satisfait la faim et la soif.

Supposons enfin qu'un être vivant n'éprouve ni plaisir ni douleur, ni destruction ni restauration de son intégrité, il y aurait là un état neutre, un troisième état, « différent de celui où l'on jouit et de celui où l'on souffre [3] ». Mais n'est-ce pas la vie même qui est la pure vie de sagesse que cette vie sans plaisir ni douleur ?

Une telle vie, impassible et sage, devrait apparaître aux yeux de Platon vraiment divine et suprêmement désirable.

---

1. *Ibid.*, 21b-c
2. *Ibid.*, 32b.
3. *Ibid.*, 33a.

> « *Tel serait donc l'état de cet homme, et peut-être n'y aurait-il rien d'absurde à ce que cette vie fût la plus divine de toutes[1].* »

Pourquoi alors l'avoir écartée ? Précisément parce qu'elle est divine, c'est-à-dire non viable pour l'animal et l'homme qui éprouvent nécessairement, du fait de leur nature, plaisir et douleur.

Quelle place pour le plaisir dans la vie bonne ?

Puisque la vie bonne ne saurait consister ni dans une vie de plaisir sans sagesse ni dans une vie sage sans plaisir, elle sera donc une vie mixte, comprenant la sagesse et le plaisir.

La question était donc mal posée : il ne fallait pas se demander si la vie bonne s'égalait à la vie de plaisir ou à la vie sage, mais plutôt quelle part de plaisir et quelle part de sagesse la vie bonne devrait comprendre. Les prétentions sont redéfinies : il s'agit maintenant de savoir qui du plaisir ou de la sagesse occupera la seconde place.

Ainsi pour Socrate :

> « *Que l'intellect doive emporter le premier prix contre la vie mixte, je ne le prétends certes pas pour l'instant ; mais pour le second prix, il nous faut voir et considérer quel parti prendre. […] Dans ces conditions, ni le premier prix ni le second ne pourrait vraiment être reconnu au plaisir ; il recule même plus loin que le troisième rang, s'il nous faut, à cette heure, accorder quelque créance à mon intellect[2].* »

Et Protarque d'acquiescer : ni le plaisir ni l'intellect ne sauraient concourir pour le premier prix.

> « *Mais refuser le second au plaisir serait le déshonorer totalement aux yeux de ses amoureux, car ils ne lui trouveraient plus eux-mêmes autant de beauté[3].* »

---

1. *ibid.*
2. *Ibid.*, 22d.
3. *Ibid.*, 22e.

Comment mêler la sagesse et le plaisir ?

Déterminer la place du plaisir dans cet équilibre qui constituera la vie bonne suppose que soient posées les distinctions que nous avons évoquées ci-dessus entre plaisirs spirituels et corporels, entre plaisirs purs et impurs, entre plaisirs vrais et plaisirs illusoires, et qu'un travail similaire soit accompli à propos des formes de la science, de l'intellect et de la sagesse. Une fois ces éclaircissements obtenus, il est possible de répondre rigoureusement à la question posée.

Il s'agit donc de mélanger le mieux possible plaisir et sagesse et ce n'est certainement pas

> « *En mêlant toute espèce de plaisir à toute espèce de sagesse que nous aurions le plus de chance d'atteindre la perfection*[1]. »

Même s'il est des sciences plus vraies et plus pures que d'autres, il faudra toutes les accueillir :

> « *Notre intention primitive de faire le mélange en n'y accueillant d'abord que les parties vraies, n'a pu se réaliser ; au contraire, épris de toutes espèces de sciences, nous les avons laissées entrer en masse avant même d'y recevoir les plaisirs*[2]. »

Pour les plaisirs, on ne fera d'abord entrer que ceux qui sont vrais et purs, puis s'il en va des plaisirs comme des sciences,

> « *Si chacun de nous peut, sa vie durant, jouir utilement et impunément de tous les plaisirs, alors il nous faudra les admettre tous au mélange*[3]. »

Si l'on demandait aux plaisirs s'ils sont prêts à cohabiter avec toutes les espèces de sciences et de sagesse, ils répondraient sans

---

1. *Ibid.*, 61d.
2. *Ibid.*, 62d.
3. *Ibid.*, 63a.

aucun doute par l'affirmative, tandis qu'à la même question, les sciences commenceraient par demander de quels plaisirs il s'agit.

« *"Outre ces vrais plaisirs", dirions-nous, "avez-vous encore besoin qu'on loge avec vous les plaisirs les plus grands et les plus violents?" — "Et comment Socrate", pourraient-ils répondre, "comment les souhaiter, eux qui nous apportent tant d'entraves, troublant, de leurs tourments fous, les âmes où nous résidons, mettant ainsi, dès l'abord, obstacle à notre naissance, puis, par la négligence et l'oubli qu'ils entretiennent, faisant périr la plupart de ceux de nos enfants qui arrivent au jour. Quant aux plaisirs vrais et purs dont tu parlais, regarde-les comme nos presque proches parents, ajoutes-y ceux qui accompagnent la santé et la tempérance et tous ceux qui, faisant cortège à la vertu comme à une déesse, se montrent partout à sa suite, et accueille-les dans le mélange. Mais ceux qui ne sont jamais compagnons que de la démence et de toute espèce de vice, ce serait certes une grosse déception de les mêler à l'intellect, si l'on veut contempler le plus beau mélange, le composé le mieux assuré contre tout discord, et s'efforcer d'y découvrir quel est le bien dans l'homme et dans le tout et quelle nature nous lui devons supposer"*[1]. »

Les conditions du bon équilibre

Pour être à la hauteur de son objet, la vie bonne, le mélange recherché doit évidemment répondre à certaines conditions. Ainsi, aucun mélange privé de proportion ne saurait être beau. À la beauté et à la proportion, il faut ajouter la vérité qui est norme de la vie bonne : tels sont les trois caractères du bien. Or, chacune de ces trois conditions a plus de parenté avec la sagesse qu'avec le plaisir. Il est évident que la vérité a plus de parenté avec la sagesse et l'intellect qu'avec le plaisir ; pour la mesure, c'est plus évident encore :

---

1. *Ibid.*, 63d-64a.

> « *On ne trouverait rien de plus démesuré que le plaisir et les transports, de plus mesuré que l'intellect et la science*[1]. »

Enfin, on ne saurait penser la science comme laide :

> « *Au lieu que les plaisirs, et, en somme, les plus grands, rien qu'à voir quelqu'un en train de s'y livrer, nous les découvrons grotesques ou marqués d'une si extrême indécence, que nous en prenons honte nous-mêmes, nous faisons tous nos efforts pour dérober et voiler un tel spectacle et ne le confions qu'à la nuit, comme si la lumière du jour ne devait pas le voir*[2]. »

Pour finir...

L'intellect et le plaisir sont

> « *Déboutés de toute prétention à être le bien lui-même, puisqu'il leur manque de se suffire à eux-mêmes et d'atteindre l'achèvement et la perfection*[3]. »

Au premier rang dans cette vie mixte qu'est la vie bonne, on ne trouvera ni le plaisir ni la sagesse, mais cette mesure et cette proportion sans lesquelles aucun mélange ne saurait avoir de valeur. Viennent ensuite les composants du mélange lui-même, selon leur ordre de valeur, d'abord la sagesse et l'intellect, ensuite seulement les plaisirs purs.

> « *Les plaisirs que nous avons mis à part en les déclarant exempts de douleurs et que nous avons nommés les plaisirs purs de l'âme seule*[4]. »

---

1. *Ibid.*, 65d.
2. *Ibid.*, 66a.
3. *Ibid.*, 67a.
4. *Ibid.*, 66c.

2 / Aristote

ou le plaisir achevé

Pour commencer...

Aristote est, après Socrate et son disciple Platon, la figure majeure de l'histoire de la philosophie, celui que la tradition médiévale appelle simplement le Philosophe.

Il est né à Stagire en 384 av. J.-C., d'une famille de médecins rattachée à Esculape. Il se rend à Athènes en 367, il y intègre l'Académie platonicienne et y devient « le plus célèbre des disciples de Platon », selon la formule de Diogène Laërce. Remarqué, il assume des tâches d'enseignement. Mais il prend peu à peu ses distances, « ce qui fit dire à Platon qu'Aristote l'avait frappé du talon comme un poulain qui donne une ruade à sa mère[1] ». Il devient le conseiller et le parent du tyran Hermias. Mais surtout, en 343, il passe en Macédoine à la cour du roi Philippe, qui lui confie le préceptorat de son fils Alexandre. Celui-ci, devenu roi prestigieux et conquérant de l'Asie, reste fidèle à son maître, et lui fait parvenir, depuis les contrées qu'il envahit, de Perse et d'Inde, des livres et des spécimens de végétaux, d'animaux et de fossiles qui enrichissent les observations du philosophe. Cependant, à la mort de Philippe, Aristote retourne à Athènes et y fonde son école, au Lycée, où se trouve un péristyle (*péripatos*) propice aux promenades studieuses (d'où le nom de « péripatéticiens » qu'on donne à ses disciples).

Les notes prises par ses élèves témoignent d'un enseignement ouvert à tous les domaines du savoir, de la métaphysique aux sciences naturelles, en passant par la rhétorique, la poétique, l'éthique et la politique. Diogène Laërce le présente comme un travailleur acharné : « lorsqu'il s'endormait, il prenait dans sa main une boule de bronze et la tenait au-dessus d'un bassin, afin que la boule, en tombant dans le bassin, fît un bruit qui pût le réveiller ». À la mort d'Alexandre, des mouvements anti-macédoniens agitent les cités de l'Empire. Accusé d'impiété, comme l'avait été Socrate, Aristote évite, dit-il, aux citoyens d'Athènes « un second crime contre la philosophie » en s'exilant à Chalcis en Eubée, où il meurt à soixante-trois ans.

---

1. Diogène Laërce, *Vies, doctrines et sentences des philosophes illustres*, Ed. Flammarion, coll. « GF », T. I, p. 229.

Le bonheur cosmique

Une éthique de la vertu – et du plaisir

Le plaisir occupe-t-il une place *centrale* dans l'éthique d'Aristote ?
Certes non, car, dit-il, si l'on se préoccupe, comme il convient à
un homme sérieux, de « bien vivre » sans se contenter de vivre,
ce n'est pas sur le plaisir qu'il faut compter, comme le croient les
tenants de l'hédonisme. C'est évidemment par la voie de la vertu
(*arétè*) qu'on peut y parvenir ; et la vertu consiste à développer
par une éducation cohérente ses facultés natives, afin d'acquérir
la capacité d'agir par la raison, de façon constante. L'éthique
aristotélicienne est d'abord une éthique de la vertu – la recherche
d'une forme d'excellence qui établit une juste mesure dans les
rapports que j'ai avec moi-même (c'est-à-dire avec mes désirs),
avec les choses (c'est-à-dire l'usage que j'en fais) et avec les autres
(en me montrant bienveillant et juste).

Mais, paradoxalement, Aristote accorde une place *essentielle* au
plaisir, parce que celui-ci est le signe de la réussite, le symptôme
positif de l'accomplissement de toute forme d'action. C'est
ainsi par exemple que le plaisir naît de l'exercice simple de la
sensibilité, du moins quand les conditions où la sensation a lieu
sont bonnes, quand s'ajustent bien le sentant et le senti. Mais c'est
de toute activité qu'on attend du plaisir ! Comme le dit Aristote
dans une belle formule, le plaisir est

> « *Une fin qui survient en plus de l'accomplissement d'un
> acte, comme un regain de jeunesse aux hommes dans la
> force de l'âge*[1]. »

C'est pourquoi Aristote peut se demander quelle est l'activité la
meilleure, et le plaisir le plus souhaitable. En un sens, il prend
ainsi ses distances avec Platon : on sait combien le dualisme du
corps et de l'âme s'accompagne chez Platon d'une méfiance à
l'égard des plaisirs du corps, d'une dénonciation des désirs issus
de celui-ci, et d'un souci préférentiel de l'âme. Cependant, il ne

---

1. *Éthique à Nicomaque* [désormais notée *EN*], Livre X, chapitre 4.

faut pas méconnaître que la dialectique platonicienne trouve son élan, selon le *Banquet*, dans l'effervescence érotique. Il ne faut pas oublier non plus que le *Philèbe* s'efforce d'établir les termes d'une vie mixte à laquelle participent les plaisirs de l'esprit, en même temps que les tendances du corps. Aristote ne fait donc que reprendre à Platon la question de savoir si le plaisir peut être une fin légitime et morale de l'action.

L'eudémonisme

L'aristotélisme est un *eudémonisme* : cela veut dire que tout être dans le monde tend vers ce qui constitue son bien propre, et qu'il en va ainsi de l'homme quand il poursuit le bonheur.

Pour Aristote, toute chose prend place dans des cycles dont le sens global est donné par le cosmos. Or, le « cosmos », cela signifie pour Aristote bien plus que l'ensemble des choses qui existent dans l'univers : c'est l'ordre des choses, leur harmonie, leur beauté. Est « cosmique », initialement, ce qui est beau, donc ce qui peut plaire. Voici donc le point essentiel, d'où peuvent découler toutes les thèses de la philosophie morale : toute chose, en prenant place dans le cosmos, peut et doit contribuer à la bonté de l'ordre universel ; et elle le fera d'autant mieux qu'elle réussira plus à accomplir son être propre.

Ainsi, toutes les formes qui apparaissent dans la nature dépendent d'une constitution « téléologique » du réel. Expliquons cela. De même que le cosmos a pour fin d'ordonner les choses en son sein, de même chaque chose a pour fin de parvenir à l'accomplissement qui correspond à son type d'être, par exemple, pour un animal, à son espèce. On peut raisonner par analogie avec les activités finalisées telles que l'art : de même que l'activité de fabrication poursuit une certaine fin – mais une fin qui lui est extérieure, qui est un objet –, de même la vie d'un être tel que l'homme a une certaine fin, mais une fin qui lui est propre et immanente, une fin qui apparaît au cours de la vie elle-même.

Or tout le monde appelle « bonheur » (*eudaimonia*) cette fin de la vie humaine. En quoi peut-elle bien consister ? Cela est très discuté ! Disons que le bonheur est une fin qui conduit la vie à sa perfection et qui se suffit à elle-même : le bonheur est « ce qui rend la vie désirable[1] ».

Aristote pédagogue

Aristote pourrait compter parmi les théoriciens les plus modernes de la pédagogie ! L'éducation est un facteur déterminant de l'expérience heureuse ; elle dépend de l'organisation générale de la vie politique, dont le bon fonctionnement résulte de la conscience que les individus ont acquise de leur appartenance à un tout. Mais pour réussir cette éducation, il faut savoir gouverner les individus par leurs affections. Or le plaisir est une affection qui accompagne la vie depuis ses tout débuts : « l'éducation des jeunes est comme le pilotage d'un navire qu'on orienterait par le plaisir et la peine. Il semble même que le plus important, pour l'acquisition de la vertu du caractère, soit d'éprouver de la joie pour ce qu'on doit aimer et du dégoût pour ce qu'on doit détester ; car ce sont là des affections qui, durant toute l'existence, sont d'un poids et d'une puissance décisive pour la vertu et l'existence heureuse[2] ». Voici une position de principe que ne renieraient pas les manifestes les plus engagés en faveur de la libre pédagogie, tels les *Libres enfants de Summerhill* ! De manière fondamentale, souligne Aristote, la vie elle-même est une activité, et chacun s'y adonne à ce qui lui plaît le plus : le musicien s'exerce aux mélodies, celui qui aime apprendre cultive la pensée. Celui qui, au lieu d'y être contraint, prend du plaisir à ce qu'il fait, qu'il soit musicien ou architecte, fera d'autant plus de progrès qu'il trouve plus de plaisir à ce qu'il fait[3].

---

1. *EN*, I, 5.
2. *EN*, X, 1.
3. *EN*, X, 4 ; III, 1 ; et X, 5.

Les fruits de la vertu

Le plaisir de la vie

Aristote ne cesse de l'affirmer : la vie est une expérience agréable par elle-même, au moins dans la mesure où elle est bien définie et délimitée, c'est-à-dire où elle évite de tomber dans les excès, dans la démesure dont font preuve les héros tragiques, par exemple. Mais le plaisir est-il la meilleure fin que l'homme puisse rechercher ? Le plaisir est une affection partagée par tous les animaux, il se produit à toutes les occasions de la vie, durant laquelle nous devons faire des choix.

Dans la vie courante, on distingue volontiers trois types de fin : l'ambition du pouvoir et des honneurs, l'avidité pour la richesse, et le goût des plaisirs. Mais l'argent n'est évidemment qu'un moyen pour d'autres fins, et non une fin aimée pour elle-même. Il est donc plus pertinent de définir, comme le faisait déjà Pythagore, trois genres de vie qui s'offrent au choix : la vie philosophique – qui pratique la sagesse et la recherche de la vérité –, la vie politique – éprise de belles actions, c'est-à-dire celles qui découlent de la vertu –, et la vie de jouissance – aiguillonnée par les plaisirs du corps[1].

Quant à la vie de plaisir – c'est-à-dire la vie accaparée par le plaisir –, Aristote n'hésite pas à marquer du mépris pour elle :

> « *La foule se montre véritablement d'une bassesse d'esclave en optant pour une vie bestiale, mais elle trouve son excuse dans le fait que beaucoup de ceux qui appartiennent à la classe dirigeante ont les mêmes goûts qu'un Sardanapale[2].* »

Pourtant, en sens contraire, il y a des philosophes qui pensent que le plaisir s'identifie au bien. En effet, selon Eudoxe, il faut remarquer que tous les êtres vivants aspirent au plaisir, et qu'ils y tendent aussi constamment et universellement qu'à leur nourriture propre. Il serait assez absurde de demander dans quel

---

1. *Éthique à Eudème*, I, 4.
2. *EN*, I, 3.

but on a du plaisir, car on estime couramment que c'est par lui-même que le plaisir est appréciable ! Malgré ces évidences, Aristote n'a aucun mal à réfuter cette thèse, en s'appuyant au passage sur les arguments platoniciens : car il est tout aussi évident qu'une vie raisonnable, que guident la prudence et la sagacité, est préférable à une vie livrée indistinctement au plaisir ! Par conséquent, le plaisir ne saurait s'identifier purement et simplement au bien.

Pour sortir de ce dilemme, nous devons reprendre notre réflexion sur les fins de l'homme.

Qu'est-ce qui peut mener l'homme à sa perfection propre ?

L'homme est en quête de toutes sortes de fins ; et l'obtention d'une fin excite le désir d'une autre fin à sa suite, de sorte que chacune de ces fins, après avoir remplacé la précédente, est à son tour supplantée.

L'*Éthique* d'Aristote rappelle dès le début que, quand on parle du bonheur, on cherche une fin qui soit réalisable, et qui ne soit pas seulement une fin parmi d'autres possibles, mais que nous souhaitions pour ce qu'elle est elle-même − une fin qui soit un bien absolument, et pas seulement d'une manière générale, comme le « bien » pris dans son sens universel et abstrait. Aristote entend par là une fin qu'on possède pour elle-même (ce que n'est pas la richesse), une fin qu'on possède réellement (et non comme une qualité qui est là même lorsque nous dormons), et d'une manière stable et ferme (contrairement aux honneurs que nous recevons d'autrui).

De plus, pour bien en juger, il faut prendre conscience que l'homme a en commun avec les plantes les fonctions de nutrition et de croissance, et avec les animaux la vie sensitive. Chaque espèce est susceptible d'un plaisir spécifique : plaisir du cheval, plaisir du chien, etc.[1] L'homme n'a en propre que la vie rationnelle de l'âme : il lui revient donc en propre de s'y exercer, un peu comme il revient à un bon cithariste de bien jouer de son instrument. C'est précisément ce que nous appelions sa « vertu ».

---

1. *EN*, X, 5.

Or l'exercice de la vertu trouve sa récompense immédiate : car, de même que les chevaux donnent du plaisir à l'amateur de chevaux et les spectacles à l'amateur de spectacles, de même les actions justes sont plaisantes si l'on est épris de justice, et, de manière générale, les actions vertueuses sont agréables si on est épris de vertu ; bref, les actions vertueuses sont plaisantes, en même temps que bonnes et belles[1].

Nous retrouvons donc ce que nous disions ci-dessus : le plaisir n'est pas une fin que l'on devrait chercher de manière extrinsèque, comme quelque chose qu'on obtient au bout de l'action et après elle ; il se produit de lui-même, *du fait* que l'action parvient à son terme, conformément à la nature de celui qui agit. C'est en ce sens que, même s'il dépend de l'effort, de l'apprentissage et de l'exercice constant de la vertu, le bonheur est pour ainsi dire « l'un des biens les plus divins ».

Plaisirs faux et plaisirs vrais

Les errances du plaisir

Tout le monde est en quête de la vie bonne ; mais il y a beaucoup d'hommes qui négligent de réfléchir sur les genres de vie possibles, qui s'agitent pour répondre aux besoins triviaux, qui exercent des arts vulgaires, des arts serviles, ou font du commerce. L'homme du commun se précipite sur les plaisirs de la consommation, s'acharne pour conquérir des pouvoirs, rêve d'accumuler de l'argent : toutes activités où se rencontrent le plus et le moins, et soumises aux aléas de la fortune.

Au contraire, il n'y a pas d'œuvre humaine qui présente plus de stabilité que l'activité vertueuse. Il faut même dire que le plaisir contribue à cette stabilité de la vertu : l'homme tempérant est celui qui « se garde » des plaisirs corporels, mais aussi « qui trouve à cela même de la joie ». Les hommes se créent des difficultés quand ils poursuivent les plaisirs pour eux-mêmes ; et dans ce cas,

---

1. *EN*, I, 9.

2 - **Aristote** ou le plaisir achevé

> « *Plaisirs et chagrins rendent mauvais, parce qu'on poursuit les uns et qu'on fuit les autres à mauvais escient[1].* »

L'errance du plaisir suit les méandres de notre ignorance de la nature humaine. Ainsi,

> « *Au cours de la jeunesse, c'est la croissance qui fait que notre disposition ressemble à l'ivresse, et la jeunesse est un charme[2] !* »

Mais il arrive souvent aussi qu'on prenne la vie comme une charge, au point même que voir ou écouter devienne quelque chose de pénible ! Quant aux personnes d'humeur noire, elles ressentent leur corps avec douleur et « sont continuellement en proie à un désir violent »…

C'est pourquoi, bien que les jouissances ne soient pas en elles-mêmes nuisibles, elles en viennent à s'avilir : car « le plaisir chasse la peine – le plaisir contraire aussi bien que le premier venu, pourvu qu'il soit violent » ; et c'est ainsi que les hommes deviennent intempérants et vils[3] !

Il faut le constater :

> « *Tout le monde prend plaisir aux mets cuisinés, aux vins et aux relations sexuelles, mais pas toujours comme il le doit !* »

La vertu s'attache à la mesure, au juste milieu entre l'excès et le défaut, entre la débauche et l'insensibilité. Quant à l'excès dans les plaisirs, le vice extrême qu'on appelle la « bestialité » est fort rare, de même que la vertu qui s'y oppose – une forme exceptionnelle, autant dire divine, de la vertu. Mais ce qu'on voit plus couramment chez les hommes, c'est le défaut de maîtrise de soi et de fermeté, cette sorte de relâchement et de mollesse qu'on peut appeler

---

1. *EN*, I, 11 ; et II, 2.
2. *EN*, VII, 14.
3. *EN*, VII, 14.

incontinence : « vilaines choses qui sont objets de blâme[1] »...
De cet avilissement on distinguera deux formes. Il y a d'une part
l'*incontinence (akrateia)* à proprement parler, qui consiste à oublier
que certaines actions sont mauvaises, à manger sucré malgré un
diabète, et à faire ainsi ce qui est mauvais par attrait du plaisir et
oubli de la raison ; c'est une faiblesse de la volonté. Mais il y a aussi
l'*intempérant débauché (akolastos)*, c'est-à-dire l'homme qui se
propose d'avoir justement les plaisirs qu'un homme raisonnable
réprouve ; cette fois, la volonté se révèle perverse. Mais dans les
deux cas, les plaisirs sont faux, ils sanctionnent une défaite de la
raison emportée par la passion.

Alexandre le Grand, l'expérience du pouvoir de la vertu

Nul ne pouvait mieux mesurer le prix de ces enseignements
d'Aristote, sur la théorie du bonheur par la vertu, sur la
faiblesse de la volonté et sur les conséquences néfastes
de l'intempérance, que son illustre élève, Alexandre le
Grand. Celui-ci déclarait, dit-on, que si son père Philippe lui
avait donné la vie, c'est Aristote qui lui avait appris à bien
vivre. Qu'il fût appelé par le destin à subir les épreuves de
la passion, donc la nécessité de la mesure, était évident
dès sa naissance en 356 av. J.-C., le jour même où se
produisit le grand incendie du temple d'Artémis à Ephèse.
Si l'on en croit Plutarque, Alexandre hérite de sa mère
Olympias, initiée aux extases dionysiaques, sa tendance
à l'outrance et aux excès. Dès son enfance, il s'adonne
avec fougue à toutes les activités. Pourtant, quant aux
plaisirs du corps, il se montre étonnamment circonspect,
et « l'amour de la gloire tient son esprit dans une gravité
et une magnanimité au-dessus de son âge[2] ». Était-ce
un effet de son éducation à la vertu, ou celui de son
tempérament ? En tout cas, son père Philippe lui-même
dut constater qu'Alexandre, aussi rétif à la contrainte

---

1. *EN*, VII, 1.
2. Plutarque, *Vies parallèles*, 4, 8, Ed. Robert Laffont, t. II, p. 96.

fût-il, « se laissait aisément conduire à son devoir par la raison[1] ». Cependant, comment garder la mesure de la vertu, quand on gouverne un empire et qu'on entreprend audacieusement de l'étendre à celui des autres souverains de la terre? L'attrait pour les prouesses militaires n'a-t-il pas raison de l'attachement à la vertu? Le portrait d'Alexandre est, sur ce point, contrasté. Alexandre participe à la vie de plaisirs de ses compagnons d'armes, à leurs beuveries; il jouit avec ostentation du luxe que lui permettent les richesses conquises sur ses adversaires perses. Plutarque n'en souligne pas moins sa constante frugalité, sa générosité en même temps que son courage. Ce sont les intérêts de son pouvoir qui prévalent dans son exercice de la vertu. On raconte que, lors d'une équipée à travers les satrapies orientales, son armée souffrit de la soif; des Macédoniens qu'ils rencontrèrent portant des outres d'eau pour leur famille offrirent à Alexandre de le faire boire; mais celui-ci, ne pouvant partager l'eau avec toute sa cavalerie, préféra ostensiblement s'en priver – ce qui galvanisa ses compagnons[2].

Le plaisir est un tout

Selon Aristote, ces errances de l'intempérant témoignent d'une erreur sur la nature du plaisir. À proprement parler, dit-il, le plaisir est un « acte », plutôt qu'un « mouvement ». Certes, le changement par lequel on arrive au plaisir, comme on arrive à la colère, peut être rapide ou lent; en ce sens, le plaisir serait comparable à des mouvements tels que la marche ou la croissance. Mais en lui-même, l'acte en quoi consiste le plaisir ne peut avoir de vitesse. En ce sens, le plaisir serait plutôt comparable à l'acte de voir, qui est à chaque instant, à quelque moment de son effectuation que ce soit, un acte achevé. Ainsi, à chaque fois qu'il se produit, le plaisir est « une sorte de tout[3] ».

---

1. *Ibid.*, 7, 1.
2. *Ibid.*, 42.
3. *EN*, X, 2.

À tout prendre, le plaisir s'apparente au calme et à la simplicité plutôt qu'au mouvement et à la variété ; c'est en cela que le dieu connaît le plaisir ; quant à l'homme, qui cherche souvent le changement dans les plaisirs, cela ne semble lui convenir que lorsque ces changements correspondent à sa versatilité, c'est-à-dire ne sont qu'un remède à sa misère.

Nous devons donc nous enquérir des formes les plus achevées du plaisir, celles qui ressemblent le plus à sa forme divine. Le plaisir de la *mimèsis* que prend le spectateur au théâtre est un plaisir complexe, qui se nourrit de mouvements passionnels contrastés, même s'il produit finalement une *katharsis*, une purification des passions. Comme la vie selon la vertu se divise en deux, selon la distinction des vertus intellectuelles et des vertus morales, Aristote peut distinguer deux formes de parachèvement : l'une relève de la vie contemplative, donc de l'activité de la partie rationnelle de l'âme ; l'autre couronne la vie de l'homme vertueux, en parachevant sa vie morale.

Le plaisir des représentations

L'art ne peut-il faire plaisir, lui aussi ? Dans sa *Poétique*[1], Aristote note d'abord que les hommes — et non seulement les philosophes — se plaisent généralement à la « représentation » [*mimèsis*] et aux images qui imitent la réalité, et ce dès les premiers moments de leur apprentissage de la vie. En effet, dans le cas où on n'a pas vu les choses elles-mêmes en vrai, on apprend à les connaître en produisant et en regardant des images : alors, le plaisir vient de l'acquisition de l'information elle-même, et des raisonnements qu'il suscite sur les choses, de sorte que, surtout s'il y a du « fini dans l'exécution », et grâce à la « couleur »,

> « *Nous avons plaisir à regarder les images les plus soignées des choses dont la vue nous est pénible dans la réalité, par exemple les formes d'animaux parfaitement ignobles ou de cadavres*[2]. »

---

1. Chapitre 4.
2. *La Poétique*, 4, 48 b, Ed. Seuil, p. 43.

Au cours du temps, l'intérêt pour la représentation s'est accru avec les aptitudes des meilleurs improvisateurs, et avec la connaissance des mélodies et des rythmes, ce qui fit naître la « poésie ». Les auteurs épris de gravité mirent en scène des hommes de qualité, les autres, des hommes de caractère plus bas — ainsi s'esquissa la distinction entre la tragédie et la comédie. La représentation devint un art. Ainsi la tragédie se définit-elle comme la mise en scène d'une action qui affecte des personnages au caractère élevé, et qui doivent affronter des malheurs : en suscitant la pitié et la crainte, elle réalise la « catharsis » (c'est-à-dire la purgation ou l'épuration) de ces mêmes émotions.

Aristote insiste : cette catharsis doit provenir du déroulement des faits évoqués eux-mêmes, et non des artifices de la mise en scène. Certes, le plaisir [*hèdonè*] peut varier avec le genre — tragédie, comédie, épopée. Mais le plaisir proprement artistique vient de la conception d'ensemble de l'histoire, du « mythe » représenté ; la représentation doit nouer les fils d'une intrigue réglée par la causalité nécessaire et par la vraisemblance, même et surtout, ajoute le chapitre 9, si l'enchaînement causal des événements se produit contre toute attente et crée la surprise. Il est vrai qu'à ce plaisir de l'art s'ajoute souvent un agrément [*hèdusma*], qui vient des moyens pris pour porter le récit à l'écoute des spectateurs, c'est-à-dire essentiellement le chant. Quant aux artifices du spectacle, ils peuvent certainement provoquer des affects pathologiques et monstrueux, mais pas exactement la pitié et la crainte recherchées par l'art poétique, comme le précisent les chapitres 6 et 14.

Aristote s'efforce de donner des indications précises sur les procédés poétiques de la tragédie. Par exemple, au chapitre 7 : « tant que l'ensemble reste clair, dans l'ordre de l'étendue, le plus long est toujours le beau ». Au chapitre 24, Aristote déconseille de recourir à l'irrationnel pour faire avancer l'action ; mais il admet que certains poètes excellents, comme dans l'Odyssée, parviennent à faire « disparaître l'absurde en relevant le plaisir par les autres qualités du texte ».

Dans son ouvrage de philosophie politique, Aristote se préoccupe particulièrement de la musique : car le rythme induit par la musique produit des effets sur la manière d'être et d'agir, donc des effets éthiques. Les jeunes sont éduqués d'une part par les lettres, l'art graphique, la gymnastique – apprentissages utiles à l'exercice d'activités laborieuses –, mais d'autre part aussi par la musique, car la musique fait naturellement plaisir, et à ce titre elle prépare mieux à la vie de loisir, qui comporte en elle-même son plaisir ; elle a donc toute sa place dans « l'existence des hommes libres[1]. » Ajoutons que les plaisirs sains comme ceux de la musique conviennent non seulement s'il s'agit de parvenir aux fins essentielles de la vie, mais aussi pour se détendre des fatigues du labeur, comme dans le jeu. Cependant, il faut veiller à distinguer entre les types de mélodie, selon l'effet qu'elles produisent. La musique nous bouleverse et insinue des rythmes qui ressemblent à la colère, à la douceur, au courage, à la tempérance : autrement dit, on y rencontre « des imitations des dispositions éthiques » ; certains rythmes ont de la régularité, d'autres plus de vivacité, certains suggèrent des mouvements grossiers, « les autres sont plus dignes d'hommes libres. Il est manifeste que la musique a le pouvoir de doter l'âme d'un certain caractère » ; c'est pourquoi « il faut diriger les jeunes gens vers elle et les y éduquer[2] ».

La contemplation

La contemplation est l'activité qui conduit l'âme à sa plus grande unification. Souvenons-nous de notre définition du bonheur. Il est vrai qu'un poète tel que Théognis a pu proclamer :

> « *Ce qui est le plus beau, c'est ce qui est le plus juste ; ce qui est le meilleur, c'est d'être en bonne santé ; mais le plus plaisant, c'est d'obtenir ce qu'on aime[3].* »

Mais selon Aristote, il n'y a pas une multiplicité d'objectifs, la visée du bonheur est une : ainsi

---

1. *Les politiques*, VIII, 3, Ed. Gallimard, coll. « GF », p. 523.
2. *Ibid.*, VIII, 5.
3. Théognis, *Sentences*, 255.

« Le bonheur, la plus belle et la meilleure des choses, est aussi la plus plaisante[1]. »

Le bonheur est ce qui totalise les aspirations de l'homme : un homme est heureux s'il jouit de son existence aussi bien parce qu'elle est belle et bonne que parce qu'elle est plaisante. Bien sûr, Aristote admet par ailleurs que toutes sortes de conditions conduisent au bonheur : les honneurs et les richesses, la vigueur corporelle ou même la chance dont on bénéficie ou les pouvoirs qu'on est en mesure d'exercer sont « bons par nature ». Mais il souligne surtout que, si les dispositions de l'individu qui en jouit ne sont pas bonnes, ces biens eux-mêmes deviennent « nuisibles[2] ».

À vrai dire, aucune activité n'est tout à fait une, tout à fait continue, tout à fait pure. Cependant, s'il fallait désigner le plus grand plaisir que l'âme humaine puisse ressentir, c'est celui qu'elle éprouve dans la contemplation pure. La contemplation est l'activité de l'âme où celle-ci est engagée de la manière la plus pure : c'est une activité de l'intellect, qui a lieu lorsqu'il connaît (et non seulement lorsqu'il poursuit la connaissance). C'est donc aussi l'activité la plus susceptible de continuité, et qui fatigue le moins. C'est aussi celle qui se suffit le mieux à elle-même et fait preuve de la plus grande autarcie (*autarkeia*), puisque le sage n'a besoin que de lui-même et non des autres pour contempler. En somme, c'est la seule activité digne d'être aimée pour elle-même (*di autèn agapasthai*), indépendamment de tout avantage qu'on pourrait en retirer par la suite. C'est l'activité du pur et simple loisir (*scholè*). Ne peut-on dire que la vie contemplative est divine, du moins si on la compare à l'ensemble de l'existence humaine ? C'est donc bien ce genre de vie qu'il est bon de rechercher.

« Chez les dieux, l'existence entière est bienheureuse ; elle l'est aussi chez les hommes, dans la mesure où leur activité y ressemble[3]. »

---

1. *Éthique à Eudème*, I, 1.
2. *Ibid*, VIII, 3.
3. Sur toutes ces remarques, *cf. EN*, X, 7 et 8.

L'amitié

Quant à l'amitié, dont Aristote est le premier théoricien, souvenons-nous d'abord de Montaigne, à propos d'Étienne de La Boétie :

> « *Si on me presse de dire pourquoi je l'aimais, je sens que cela ne se peut exprimer qu'en répondant : parce que c'était lui, parce que c'était moi[1].* »

Pour Aristote, il s'agit d'abord de résoudre un paradoxe : d'une part, l'homme heureux, celui qui a la vie la plus plaisante, est celui qui se possède le mieux lui-même, celui qui se suffit à lui-même, qui est capable de la plus grande « autarcie » possible ; mais alors, on ne voit donc pas en quoi il aurait besoin d'un plaisir venu du dehors, et ce que pourrait lui apporter l'amitié ! La réponse d'Aristote est d'abord lapidaire : certes, l'homme heureux n'a en un sens besoin de rien d'autre, mais

> « *L'ami est un autre soi-même, il sait fournir ce qu'on est incapable d'atteindre soi-même[2]* » !

Aristote use ensuite de nombreux arguments. L'homme est par définition un être sociable : il ne lui sera donc pas agréable de rester solitaire. De plus, si un homme est prospère, il prend plaisir à pratiquer la bienfaisance : or il relève de l'amitié de faire le bien plutôt que d'en recevoir. Et puis, n'est-il pas plus doux de passer son temps avec des amis et des personnes honnêtes, qu'avec des étrangers ou des gens de passage ? L'homme heureux doit donc avoir des amis.

Mais l'argument le plus étonnant s'appuie sur l'aspect sensible de la nature humaine : l'homme vertueux doit souhaiter avoir des amis vertueux pour partager avec eux « la sensation de son existence » ! En effet, le bonheur n'est pas un bien acquis une fois pour toutes : c'est un certain exercice de la vie, une activité en devenir, qu'il est

---

1. Montaigne, *Essais*, I, 27.
2. *EN*, IX, 9.

bon d'entretenir avec soin. Que la vertu soit source de jouissance pour l'homme de bien, c'est irrécusable. Mais il serait stupide de se restreindre à la conscience qu'on a de sa propre vertu, car « nous pouvons contempler les autres mieux que nous-mêmes ». Ainsi l'homme vertueux et heureux, l'homme le plus comblé par l'existence, trouvera encore un plaisir supplémentaire à contempler les belles actions qu'il voit faire par ses amis, « comme un musicien prend plaisir aux belles mélodies ».

> « *Si vivre est en soi bon et agréable (et tout le monde, semble-t-il, en a le désir, surtout les hommes honnêtes et comblés : pour eux, la vie est suprêmement souhaitable, et leur existence est suprêmement heureuse) ; si, de plus, celui qui voit sent qu'il voit, celui qui entend sent qu'il entend, et celui qui marche, qu'il marche, et de même dans les autres cas, c'est-à-dire que celui qui agit sent qu'il agit ; de la sorte, nous aurions la sensation que nous sentons, et la pensée que nous pensons ; or en sentant et en pensant, nous sentons que nous sommes (car c'est être que sentir ou penser), et le fait de sentir qu'on vit fait partie des choses agréables par elles-mêmes (par nature, la vie est un bien, et sentir le bien qu'on a en soi est agréable) ; et la vie est souhaitable, surtout pour les vertueux, parce que être est pour eux un bien et un plaisir (car ils ont plaisir à consentir au bien qui est par soi). Si enfin l'homme sérieux est dans le même rapport avec lui-même et avec son ami (car l'ami est un autre soi-même), alors, l'être de l'ami est aussi souhaitable – ou peu s'en faut – que, pour tout un chacun, le fait d'être soi-même*[1]. »

L'existence est éminemment plaisante, chez les hommes, dans le partage des discours et des pensées – tandis que les animaux peuvent se contenter de paître au même endroit, ajoute Aristote.

---

1. *EN*, IX, 9 (pour la traduction, *cf. Éthique à Nicomaque*, livres VIII et IX, Ed. Bréal, coll. « Philothèque »).

Pour finir...

Le plaisir est un événement dont les retentissements éthiques sont d'une importance décisive. Certes, il est indigne de chercher sans distinction tous les plaisirs. Mais on ne saurait envisager une vie humaine dépourvue des plaisirs − ceux de l'âme en premier lieu, mais aussi tous les plaisirs du corps, du moins ceux qui permettent l'exercice de la vertu − elle qui donne à la vie toute l'expansion dont elle est capable.

3/

Aristippe et Épicure

ou le plaisir comme philosophie

Pour commencer...

Aristippe est né à Cyrène, sans doute en 425 av. J.-C., et mort en 355 av. J.-C. Il a été le contemporain de Platon. Comme lui, il fut l'élève de Socrate, et comme lui courtisan de Denys de Syracuse, le tyran sicilien, mais ils s'opposèrent l'un à l'autre. On sait peu de choses de sa vie, sinon qu'il fréquenta une célèbre hétaïre, la belle Laïs. Son œuvre est perdu mais on sait qu'il fit école et que les philosophes qui se recommandèrent de son enseignement furent appelés les Cyrénaïques.

Épicure est né à Samos en 342 av. J.-C., soit sept ans après la mort de Platon. À l'âge de 18 ans, il vient à Athènes faire son service militaire. À la mort d'Alexandre le Grand (323 av. J.-C.), il est contraint de s'exiler. Sur la côte d'Ionie, de ville en ville, Épicure ne se fixe jamais très longtemps, à l'exception d'un séjour de dix ans à Téos, où il est formé à l'atomisme antique par un certain Nausiphane. En 306, c'est le retour à Athènes. L'école qu'il y fonde alors, par son influence, ne tarde pas à éclipser celle de Platon. Le « Jardin » est ouvert aux hommes comme aux femmes, y compris aux prostituées. Épicure est réputé pour susciter une véritable fascination sur ses disciples qui lui vouent un culte quasi divin, culte qu'ils continueront d'entretenir après sa mort, à 72 ans, en 270 av. J.-C.

Cyrénaïques et Épicuriens enseignent que le plaisir est le souverain bien et la singularité de cette thèse explique qu'on les ait souvent confondus. Cette confusion a souvent été faite, du reste, dans l'intention de ruiner la réputation des Épicuriens. Les « pourceaux d'Épicure » qui ne se soucient que de jouir de l'instant présent et de profiter de la vie dès que l'occasion s'en présente, sont plutôt en réalité les disciples d'Aristippe. Inversement, pour un philosophe hédoniste contemporain comme Michel Onfray, c'est à Aristippe que nuit cette confusion, et de dénoncer la triste morale des Épicuriens. C'est que les deux doctrines diffèrent profondément quant à la définition qu'elles donnent du plaisir, même si elles ont en commun cette rare particularité de faire de la recherche du plaisir le sens même de la pratique de la philosophie.

Le plaisir en mouvement

Portrait du philosophe en jouisseur

Si nous avons perdu l'œuvre d'Aristippe, il nous reste les anecdotes que rapporte à son propos Diogène Laërce dans sa *Vie et doctrine des philosophes illustres* et l'exposé qu'il y donne de la pensée des Cyrénaïques. D'Aristippe, il dresse le portrait suivant :

> « *Il était capable de s'adapter au lieu, au moment et à la personne, et de jouer son rôle convenablement en toute circonstance; [...] il jouissait du plaisir que lui procuraient les biens présents et il ne se donnait pas la peine de poursuivre la jouissance de ceux qu'il n'avait pas*[1]. »

Tout plaisir serait donc bon à prendre dès qu'il se présente, sans se soucier du lendemain. La philosophie d'Aristippe serait-elle réductible à un opportunisme de jouisseur ? Quelques anecdotes, complaisamment rapportées par Diogène Laërce, pourraient le donner à penser.

> « *À qui lui reprochait d'habiter avec une courtisane, il dit "Est-ce que par hasard il y aurait une différence entre prendre une maison qui a déjà été habitée par beaucoup et une qui ne l'a été par personne ?" L'autre répondit que non. "Entre naviguer sur un bateau qui a déjà porté des milliers de passagers et sur un qui n'en a porté aucun ?" "Point de différence". "Eh bien, il n'y en a pas non plus entre coucher avec une femme qui a fréquenté beaucoup d'hommes et une qui n'en a fréquenté aucun."*[2] »

---

1. II, 66.
2. II, 74. C'est Diogène le Cynique, lui-même amoureux de Laïs, qui lui fit ce reproche.

Le philosophe et la prostituée

Le mode de vie d'Aristippe a fait l'objet de nombreuses critiques, notamment chez les premiers chrétiens, ainsi qu'en témoigne ce texte de Lactance :

« Aristippe, le maître des Cyrénaïques, eut commerce avec la fameuse prostituée Laïs. Ce digne maître de philosophie justifiait ce scandale en disant qu'il y avait une grande différence entre lui et les autres amants de Laïs, puisque lui, il possédait Laïs, tandis que les autres étaient possédés par elle. Ô, remarquable sagesse que les gens devraient suivre ! [...] Qu'importe dans quel esprit le philosophe fréquentait la très célèbre prostituée, du moment qu'aux yeux du peuple et de ses rivaux il était pire que tous ceux qui s'y étaient ruinés ? Et il ne se contenta pas de vivre de cette manière, mais commença à enseigner les excès, et amena à l'école ses habitudes de lupanar, en soutenant que le plaisir du corps est le souverain bien. Cette exécrable et honteuse doctrine n'est pas issue de la tête d'un philosophe, mais du sein d'une prostituée[1]. »

Aristippe y apparaît comme un sophiste toujours prêt à rationaliser son âpreté à saisir les jouissances qui se présentent. Mais ne nous y trompons pas. Il est l'inspirateur d'une doctrine du plaisir cohérente et plus profonde qu'il n'y paraît au premier abord.

Le plaisir, mesure de toute chose

Les Cyrénaïques s'inspirent du relativisme de Protagoras selon lequel l'homme est la mesure de toutes choses, c'est-à-dire qu'il ne connaît d'elles que ce qu'elles lui paraissent être. Et avant Épicure, ils distinguent deux grandes catégories dans les impressions que nous font les choses extérieures : les unes sont à rechercher et les autres à éviter. Plaisir et peine sont ainsi les deux manières dont les choses extérieures nous affectent.

---

1. *Des institutions divines*, III, 15, 15.

> « *Ceux qui restèrent fidèles au mode de vie d'Aristippe et furent appelés Cyrénaïques professaient les doctrines suivantes. Ils posaient à la base deux affections : souffrance et plaisir ; l'une, le plaisir, est un mouvement lisse ; l'autre, la souffrance, un mouvement rugueux[1]. »*

Toute affection est un mouvement qui est ressenti différemment, avec plaisir si le mouvement est doux, avec douleur s'il est violent, avec indifférence s'il est trop faible. Tout mal et tout bien résident donc dans la sensation, comme l'affirmera plus tard Épicure. Disons plus précisément que l'homme est bien la mesure de ce qui lui est bon, mauvais, ou indifférent selon le plaisir qu'il y trouve.

Le plaisir est le souverain bien

Un certain nombre de conséquences découlent de cette thèse. La première, c'est l'affirmation que le plaisir est le souverain bien. On appelle souverain bien, le bien qui n'est recherché que pour lui-même, jamais comme moyen d'un autre bien, et qui est la fin ultime de nos actions. N'est-ce pas le bonheur qui correspond à cette définition ? Non, répondent les Cyrénaïques, c'est le plaisir, car le bonheur n'est que la résultante des plaisirs particuliers que nous recherchons comme fin.

> « *Le plaisir particulier doit être choisi pour lui-même, tandis que le bonheur ne l'est pas pour lui-même, mais à cause des plaisirs particuliers. La preuve que le plaisir est la fin, c'est que, dès l'enfance, nous lui sommes instinctivement attachés ; que, si nous l'avons rencontré, nous ne recherchons rien de plus et que nous ne fuyons rien tant que son contraire, la souffrance[2]. »*

Les Cyrénaïques partagent donc avec les épicuriens la thèse selon laquelle le plaisir est le souverain bien. Mais, et c'est la seconde

---

1. Diogène Laërce, *Vie et doctrine des philosophes illustres*, II, 86.
2. II, 88.

conséquence de l'affirmation du plaisir comme mouvement, ils ne l'entendent pas de la même façon :

> « *Le plaisir semble bon à tous les vivants, alors que la souffrance, ils estiment devoir la repousser. Par plaisir, toutefois, ils entendaient le plaisir du corps — qui est aussi pour eux la fin [...] — et non le plaisir au repos qui dépend de la suppression des douleurs et se veut une espèce d'absence de trouble, plaisir admis par Épicure et que celui-ci donne comme fin[1].* »

Si le plaisir résulte d'un mouvement agréable, il ne saurait en effet consister en une simple absence de douleur. Il n'y a pas, il ne saurait y avoir de plaisir en repos, parce que ce qui ne m'émeut pas m'est tout simplement indifférent.

> « *Mais la suppression de la douleur, telle qu'elle est envisagée par Épicure, n'est pas un plaisir à leurs yeux, pas plus que l'absence de plaisir n'est une souffrance. Douleur et plaisir sont en effet tous deux dans le mouvement, alors que ni l'absence de souffrance ni l'absence de plaisir ne relèvent du mouvement, puisque l'absence de souffrance, c'est en quelque sorte la condition d'un homme qui dort[2].* »

D'un homme qui dort ou d'un cadavre... Le plaisir est donc inséparable d'une sensation présente, il ne saurait résulter d'une absence de sensation. Ceci entraîne une troisième conséquence : il n'est de plaisir que dans l'instant. Le plaisir n'existe que dans le temps même où il est éprouvé.

> « *L'école dite "cyrénaïque" a été fondée par Aristippe, l'un des disciples de Socrate qui soutenait que le plaisir est le but même [de la philosophie] et la cause du bonheur.*

---

1. II, 87.
2. II, 89.

> *D'après lui le plaisir dure très peu de temps, à l'instar du plaisir charnel, et il affirme en même temps que ni le souvenir des plaisirs passés, ni l'espoir des plaisirs à venir n'ont de valeur. En effet, il considère que le bien appartient exclusivement au moment présent et il pense que tant le plaisir ressenti dans le passé que celui qu'on espère ressentir dans le futur n'ont de valeur en soi, le premier, parce qu'il n'existe plus, le deuxième, parce qu'il n'existe pas encore (il est donc très obscur). Par conséquent, ceux qui ont choisi la volupté ne vivent que dans le présent tout en considérant qu'ils agissent bien[1]. »*

Les plaisirs passés ne sont plus, les plaisirs à venir ne sont pas encore. Les seuls plaisirs réels se conjuguent au présent. Et c'est bien la raison pour laquelle le sage n'hésite jamais à les saisir quand ils se présentent.

Il est sage de jouir des plaisirs qui se présentent

C'est que, et c'est notre quatrième conséquence, tous les plaisirs se valent. Tout plaisir est donc bon à prendre, sans fausse honte.

> « *Un plaisir ne diffère pas d'un plaisir et quelque chose n'est pas davantage source d'un plaisir qu'autre chose[2]. »*

Il n'y a pas de hiérarchie à établir entre les plaisirs. Les plaisirs du ventre ou de la chair ne sont pas inférieurs en dignité aux plaisirs spirituels. Les plaisirs dont jouit un criminel ne sont pas moindres que ceux d'un homme de bien. Tout ce que l'on peut concéder en termes de gradation, c'est la supériorité des plaisirs corporels.

> « *Les plaisirs corporels, à vrai dire, sont de loin supérieurs à ceux de l'âme, et les souffrances corporelles bien pires. Aussi est-ce plutôt des châtiments corporels que l'on fait subir à ceux qui commettent des fautes[3]. »*

---

1. Athénée de Naucratis, *Les Deipnosophistes*, XII, 544a.
2. Diogène Laërce, *op. cit.*, II, 87.
3. II, 90.

Si le sage n'est pas indifférent aux plaisirs qui se présentent, il l'est en revanche à l'égard des objets qui lui procurent ce plaisir. Les faveurs d'une courtisane ou d'un tyran ne sont pas en elles-mêmes choses estimables mais ne sont que l'occasion de jouir d'un plaisir. Ces occasions, conditions du plaisir, ne dépendent pas du sage. Et c'est pourquoi il lui faut tout à la fois saisir les plaisirs qui se présentent et éviter de s'en rendre esclave.

> *« Au moment où il entrait, un jour, dans la maison d'une courtisane, comme un des jeunes gens qui l'accompagnaient s'était mis à rougir, Aristippe dit : "Ce qui est mal, ce n'est pas d'entrer, c'est de ne pas pouvoir sortir".* [1] *»*

L'indépendance du sage à l'égard des conditions extérieures de son plaisir est le gage de sa liberté et de son indépendance. Tel est le sens du mot le plus célèbre d'Aristippe à propos de sa maîtresse :

> *« À ceux qui ne manquaient pas de lui en faire reproche, il disait : "Je possède Laïs, mais je ne suis pas possédé par elle. Car c'est de maîtriser les plaisirs et de ne pas être subjugué par eux qui est le comble de la vertu, non point de s'en abstenir".* [2] *»*

Contrairement aux apparences, ce ne sont pas les hommes qui fuient les plaisirs qui sont libres ; c'est même le contraire qui est vrai. Et c'est pourquoi il est toujours sage de jouir des plaisirs qui se présentent.

Qui sont les esclaves des plaisirs ?

« L'esclave du plaisir n'est pas celui qu'on croit : il semble plus à chercher chez les renonçants obsédés de mauvais traitements, de punitions, de souffrances, chez les spécialistes du cilice, chez les premiers chrétiens névrosés qui, pour tuer le corps à même de

---

1. II, 69.
2. II, 75.

jubiler en eux, accèdent à de plus malsaines jubilations en s'emmurant vivants dans des prisons en plein désert, en s'exposant au sommet d'une colonne d'une vingtaine de mètres pour consacrer leur vie à la prière, en s'enduisant de miel dans le but de se faire dévorer par les moustiques afin de se punir d'en avoir écrasé un la veille, en élisant le terrier de la hyène pour vivre, ou un puits, véritable tombeau...

Orgueil, fausse humilité, narcissisme outrancier, mégalomanie mystique – Siméon au sommet de sa colonne, Thalèle dans sa cage, Acepsime transformé en brouteur, Macaire et son moustique –, voilà les véritables esclaves du désir et du plaisir, ceux qui l'ont mis au centre de leurs préoccupations. Pas étonnant que les mystiques aient fasciné les érotomanes sadiens ou batailliens, encore chrétiens à force d'hystéries obsessionnelles: la sainte et le Divin marquis, l'extase carmélitaine et la jouissance païenne des amateurs de bordels se rejoignent dans une même folie furieuse. Loin de l'hédonisme, ces trajets conduisent à l'amour de la mort, à la célébration du cercueil et du tombeau. Névroses nocturnes[1]... »

Le plaisir contre le désir

Tous les hommes recherchent le plaisir

Épicuriens et Cyrénaïques partagent sans aucun doute l'idée selon laquelle le plaisir est le souverain bien. Épicure l'affirme : tous les hommes ne fuient que la douleur et ne recherchent que le plaisir :

> « *Car nous faisons tout afin d'éviter la douleur physique et le trouble de l'âme. Lorsqu'une fois nous y avons réussi, toute agitation de l'âme tombe, l'être vivant n'ayant plus à s'acheminer vers quelque chose qui lui manque, ni à*

---

1. Michel Onfray, *L'invention du plaisir*, pp. 42-43.

chercher autre chose pour parfaire le bien-être de l'âme
et celui du corps. Nous n'avons en effet besoin du plaisir
que quand, par suite de son absence, nous éprouvons de
la douleur; et quand nous n'éprouvons pas de douleur,
nous n'avons plus besoin du plaisir. C'est pourquoi nous
disons que le plaisir est le commencement et la fin de la
vie heureuse[1]. »

On retrouve également l'idée selon laquelle c'est la nature qui, par la sensation, nous désigne le plaisir comme un bien à rechercher et la douleur comme un mal à fuir. C'est ce dont témoignent tous les êtres vivants :

« Tout animal, dès sa naissance, recherche le plaisir et
s'en réjouit comme le plus grand des biens; il déteste la
douleur comme étant le mal suprême, et dans toute la
mesure du possible, il la rejette loin de lui[2]. »

Le plaisir en repos

Si le plaisir est pour Épicure, comme pour Aristippe, le souverain bien, la conception qu'il en a est profondément distincte de celle de son prédécesseur et l'on sent bien, à le lire, qu'il ne craint rien tant que la confusion des deux doctrines :

« Quand donc nous disons que le plaisir est le but de la
vie, nous ne parlons pas des plaisirs de l'homme déréglé,
ni de ceux qui consistent dans les jouissances matérielles,
ainsi que l'écrivent les gens qui ignorent notre doctrine, ou
qui la combattent et la prennent dans un mauvais sens.
Le plaisir dont nous parlons est celui qui consiste, pour le
corps, à ne pas souffrir, et pour l'âme, à être sans trouble.
Car ce n'est pas une suite ininterrompue de jours passés
à boire et à manger, ce n'est pas la jouissance des jeunes
garçons et des femmes, ce n'est pas la saveur des poissons

---

1. Épicure, *Lettre à Ménécée.*
2. Cicéron, *Les Fins ultimes*, I, IX, 30.

et des autres mets que porte une table somptueuse, ce n'est
pas tout cela qui engendre la vie heureuse[1]... »

On l'aura compris, la définition épicurienne du plaisir est négative et même doublement négative : pour le corps, *l'aponie*, l'absence de douleurs ; pour l'âme, *l'ataraxie*, l'absence de troubles. Une telle définition est d'ailleurs conforme à la voix de la nature :

> *« Ne voyez-vous pas ce que crie la nature ? Réclame-t-elle*
> *autre chose que pour le corps l'absence de douleur, et pour*
> *l'esprit un sentiment de bien-être, dépourvu d'inquiétude*
> *et de crainte[2] ? »*

Le plaisir de ne pas souffrir

Chacun d'entre nous éprouve quelque satisfaction à considérer les maux dont souffrent les autres, ne serait-ce qu'à la pensée d'en être exempté. En ce sens, remarque Lucrèce, nul n'est plus heureux que le philosophe qui a appris d'Épicure à ne souffrir d'aucun des maux qui torturent les autres hommes.

« Il est doux, quand sur la grande mer, les vents soulèvent les flots, d'assister de la terre aux rudes épreuves d'autrui : non que la souffrance de personne nous soit un plaisir si grand ; mais voir à quels maux on échappe soi-même est chose douce. Il est doux encore de regarder les grandes batailles de la guerre, rangées parmi les plaines, sans prendre sa part du danger. Mais rien n'est plus doux que d'occuper solidement les hauts lieux fortifiés par la science des sages, régions sereines d'où l'on peut apaiser ses regards sur les autres hommes, les voir errer de toutes parts, et chercher au hasard le chemin de la vie[3]. »

---

1. Épicure, *op. cit.*.
2. Lucrèce, *De la nature*, II, 16-19.
3. *Ibid.*, II, 1-10.

Ce plaisir que l'on éprouve à ne souffrir d'aucune douleur corporelle ni d'aucun trouble de l'âme est un plaisir stable, *catastématique* ou « en repos », qu'Épicure oppose au plaisir en mouvement des Cyrénaïques :

> « *Il se différencie des Cyrénaïques sur le plaisir; ces derniers en effet ne retiennent pas le plaisir stable, mais seulement le plaisir en mouvement; lui au contraire retient les deux, pour l'âme et pour le corps [...]. Épicure, dans le traité* Sur les choix, *s'exprime ainsi: "l'absence de trouble et l'absence de peine sont des plaisirs stables, mais la joie et la gaieté sont perçues en acte, dans un mouvement"*[1]. »

Pourquoi le sage recherche-t-il les plaisirs stables plutôt que les plaisirs en mouvement ? Parce qu'ils sont conformes à la voix de la nature et parce que, ne pouvant être augmentés, ils représentent le sommet du plaisir. Celui qui a mangé et bu à satiété ne peut ajouter au plaisir qu'il éprouve parce que la nature ne réclame rien de plus. Certes ce plaisir peut être diversifié, mais il ne peut en aucun cas être augmenté: qui se sera repu de pain et d'eau n'éprouvera pas moins de plaisir que celui qui aura festoyé de poissons et de vin.

> « *[Épicure] prétend en effet qu'avec la chère la plus maigre, c'est-à-dire avec les aliments et les boissons les plus méprisables, on ne ressent pas moins de plaisir qu'avec les mets les plus recherchés pour les festins*[2]. »

C'est en ce sens qu'Épicure fait des plaisirs du ventre le principe et la racine de tout bien. Tandis que les plaisirs en mouvement sont inséparables du désir qu'on a de les éprouver, illimités comme lui, les plaisirs stables sont ceux qui ont cette vertu majeure, aux yeux des épicuriens, de mettre fin aux désirs. Pour le comprendre, il

---

1. Diogène Laërce, *op. cit.*, X, 136.
2. .Cicéron, *op. cit.*, II, XXVIII, 90.

faut s'intéresser à la distinction qu'opère Épicure entre les désirs qui peuvent agiter l'âme humaine et la mettre en quête du plaisir réparateur.

Désirs vains et désirs naturels

Épicure distingue entre les désirs ceux qui sont vains et ceux qui sont naturels, et, parmi ces derniers, il distingue ceux qui sont nécessaires de ceux qui ne le sont pas (étant entendu que ceux qui sont vains ne sont jamais nécessaires).

> « Parmi les désirs, il y en a qui sont naturels et nécessaires, d'autres qui sont naturels mais non nécessaires, d'autres enfin qui ne sont ni naturels ni nécessaires, mais des produits d'une vaine opinion[1]. »

Les désirs naturels et nécessaires le sont pour la vie même, ainsi de la faim et de la soif dont la satisfaction est vitale. Ils le sont encore pour le bien-être du corps, ainsi des désirs de protection du corps contre le froid, les intempéries, les dangers, par le vêtement ou l'abri. Ils le sont enfin pour le bonheur, et c'est le désir de philosophie (la philosophie est nécessaire) ou d'amitié (qui est la forme du rapport à autrui propre au sage).

Les désirs naturels qui ne sont pas nécessaires sont ceux dont l'insatisfaction est supportable parce qu'elle n'est pas cause de douleur. Il s'agit des désirs sexuels et des désirs esthétiques. La satisfaction de tels désirs n'est pas absolument nécessaire au bonheur du sage, mais rien ne s'y oppose non plus, surtout quand, comme les premiers, ils sont faciles à satisfaire.

Les désirs vains sont ceux qui passent toute mesure naturelle. Illimités, ils consistent à toujours vouloir plus et sont par définition impossibles à satisfaire. Tels sont les désirs de gloire, d'honneurs et de richesse ou le désir d'immortalité.

Cette distinction entre les désirs a évidemment pour fonction de séparer ceux qui peuvent être satisfaits de ceux qui sont vains en ce sens très précis qu'ils sont impossibles à satisfaire. C'est donc

---

1.. Épicure, *Maximes capitales*, XXIX.

la *possibilité du plaisir*, c'est-à-dire de la satisfaction des désirs, qui commande la typologie des désirs : les uns sont faciles à satisfaire (ou bien leur satisfaction n'est pas nécessaire au plaisir) et les autres impossibles à satisfaire. Si c'est leur rapport au plaisir qui distingue les désirs, c'est parce que le plaisir est le remède au désir : ce qui fait cesser le manque, source de souffrance corporelle et d'agitation de l'âme.

Ce qui le fait voir suffisamment, c'est que l'illimitation du désir peut s'introduire dans les désirs naturels : ainsi des désirs d'une table opulente (les raffinements dans la cuisine et les excès de table outrepassent ce que réclame le désir naturel et nécessaire de la faim) ou des délires de la passion amoureuse (l'amour-passion, que Lucrèce a critiqué dans des vers fort célèbres, superpose au désir sexuel – qui est un désir naturel et non nécessaire – l'inquiète tension qu'induit en nous la jalousie). Dans tous ces cas, il apparaît nettement que le plaisir, c'est-à-dire la satisfaction immédiate de la part naturelle de ces désirs, est le remède. Manger du pain supprime le désir de mets raffinés. Le plaisir sexuel apaise les folies de l'amour. Le plaisir éteint le désir et nous montre que l'illimitation qui lui est propre n'est pas irrémédiable. Le plaisir contre le désir : telle est la voie du sage.

L'amour-passion et la Vénus vagabonde

Que le plaisir soit conçu comme le remède à la folie des désirs n'apparaît jamais aussi nettement que dans le fameux texte où Lucrèce oppose le calme du plaisir charnel à la furie de la passion amoureuse :

« Car éviter l'amour, ce n'est pas se priver
Des plaisirs de Vénus : c'est en jouir sans rançon.
Le plaisir est plus pur chez les amants sereins
Que chez ces malheureux dont l'ardeur passionnée
Erre et flotte indécise au seuil même d'aimer.
Par quoi jouir d'abord ? Par les yeux ? Par les mains ?
Ils étreignent leur proie, la griffent, lui font mal ;
Morsures et baisers lui meurtrissent les lèvres !
C'est que la volupté chez ceux-là n'est pas pure :

Des aiguillons secrets les pressent de blesser
Qui fait surgir en eux ces germes de fureur.
La douceur de Vénus, au plus fort de l'amour,
Vient freiner ces élans ; voilà que le plaisir
Entre eux se fait caresse, apaise les morsures[1]. »

Une arithmétique du plaisir

Tout plaisir n'est pas bon à prendre

Ceci dit, pour être le souverain bien, le plaisir n'est pas pour autant un bien absolu mais un bien relatif et même doublement relatif. Il est d'abord relatif au désir dont il permet la satisfaction et dont il fait cesser l'illimitation : ce qui rend le pain si plaisant c'est qu'il calme la faim et même le désir des mets les plus raffinés et les plus riches. Ensuite et surtout, sa valeur peut varier selon les circonstances, rendant nécessaire un calcul qui se donne pour objet de peser les plaisirs et les peines, pour réduire celles-ci et optimiser ceux-là, en fonction donc d'une sorte d'arithmétique des plaisirs et des peines.

Le plaisir étant ce qui se produit toujours quand la douleur est supprimée, il est aussi naturel de le rechercher que de fuir la douleur. Pour autant, tout plaisir n'est pas bon à prendre et toute douleur n'est pas nécessairement à fuir. Il convient de faire la part des choses : de savoir choisir un mal relatif, moyen d'un plus grand bien, et de savoir fuir un plaisir immédiat, source d'un mal ultérieur. Il est donc parfois nécessaire de peser la valeur respective des plaisirs et des peines, pour réduire celles-ci et optimiser ceux-là, en fonction donc d'un véritable calcul hédoniste. D'où une arithmétique des plaisirs qui met l'épicurisme à égale distance d'un hédonisme irréfléchi et d'un ascétisme sans nuance. Si le sage n'a aucune raison de se priver des plaisirs de la vie (la satisfaction de ceux des désirs qui sont naturels sans être nécessaires est une bonne chose, même leur non-satisfaction n'en est pas une mauvaise), il ne saurait non plus s'en rendre esclave.

---

1. Lucrèce, *De la nature*, IV, 1073-1085. Traduction André Comte-Sponville.

Des plaisirs simples, aisés à satisfaire

Ainsi Épicure ne cesse-t-il de se défendre contre ce qui est déjà la mauvaise réputation des Épicuriens (être des débauchés, avides de banquets et d'orgies, se livrant sans retenue aux plaisirs de la chair et de la table, voire aux deux en même temps) : s'il fait l'éloge de la frugalité (et au passage de l'abstinence sexuelle), ce n'est pas parce qu'elle est désirable en elle-même (comme pour les ascètes), mais parce qu'elle offre au sage le plus grand de tous les biens : l'indépendance de l'homme qui n'est pas plus esclave de ses plaisirs qu'il ne l'est de ses désirs.

On comprend volontiers que le sage ne veuille pas se livrer sans retenue aux plaisirs qu'il conçoit d'abord comme un remède aux désirs : ce serait échanger un esclavage pour un autre. Mais à discipliner son usage des plaisirs ne se condamne-t-il pas pourtant à quelque souffrance et douloureuse privation ?

Tout l'effort d'Épicure est de montrer le contraire : les mets les plus simples ne donnent pas moins de satisfaction que le plus somptueux des repas ; le pain suffit à faire disparaître la douleur née de la faim et procure même un vif plaisir à l'affamé.

> « *En effet, des mets simples donnent un plaisir égal à celui d'un régime somptueux si toute la douleur causée par le besoin est supprimée, et, d'autre part, du pain d'orge et de l'eau procurent le plus vif plaisir à celui qui les porte à sa bouche après en avoir senti la privation*[1]. »

Mais il y a plus encore : ce n'est pas l'intempérance dans l'usage des plaisirs qui fait le bonheur, mais au contraire d'en user comme d'un régime ou de règles d'hygiène. Prendre l'habitude des mets les plus simples n'a, en effet, que des avantages : elle maintient en bonne santé, elle nous prévient contre la mauvaise fortune (l'homme qui se nourrit de peu ne craint pas les coups du sort) et contre la bonne : nous pouvons d'autant mieux goûter des repas somptueux qu'habitués à des repas frugaux nous ne risquons pas de devenir dépendants de tels plaisirs dispendieux.

---

1. Épicure, *Lettre à Ménécée*.

« *L'habitude d'une nourriture simple, et non celle d'une nourriture luxueuse, convient donc pour donner la pleine santé, pour laisser à l'homme toute liberté de se consacrer aux devoirs nécessaires de la vie, pour nous disposer à mieux goûter les repas luxueux lorsque nous les faisons après des intervalles de vie frugale, enfin pour nous mettre en état de ne pas craindre la mauvaise fortune[1].* »

Le plaisir selon Épicure

La philosophie d'Épicure passe pour un hédonisme résolu, parfois jusqu'à la caricature. Mais, en réalité, il en va tout autrement. Au point qu'un défenseur du véritable hédonisme comme Michel Onfray (*cf. infra*) n'hésite pas à y voir en réalité une forme de renoncement au plaisir !

« L'idée d'une table bien garnie lui retourne l'âme, l'hypothèse d'une courtisane ou d'un mignon dans son lit lui chavire l'esprit, l'éventualité d'une amphore pleine de bon vin le terrorise !

Auprès d'Épicure, on pratique le renoncement. Et seules les mauvaises langues – mais elles se sont déliées dès l'Antiquité – ont pu laisser dire que le philosophe se pâmait devant chair et chère. Qu'on lise plutôt ses lettres pour apprendre comment il envisageait les orgies dont il était familier d'un point de vue alimentaire : "Envoie-moi, écrit-il à son correspondant, un petit pot de fromage, afin que si l'envie me prend de faire un repas somptueux je puisse le satisfaire." La bombance épicurienne serait tout juste apéritive chez les Cyrénaïques[2]... »

Le corps et l'esprit

Cette sagesse dans l'usage des plaisirs distingue, selon Épicure, son école de celle des disciples d'Aristippe. Outre la définition du plaisir, la distinction s'opère sur deux points qui concernent

---

1. *Ibid.*
2. Michel Onfray, *L'art de jouir*, pp. 214-215.

l'importance donnée respectivement aux plaisirs et aux souffrances du corps et de l'esprit.

Tandis que pour Aristippe, les souffrances du corps passent celles de l'esprit, c'est l'inverse qui est vrai selon Épicure : les douleurs physiques sont brèves quand elles sont vives et supportables quand elles durent ; elles ne sauraient être longuement insupportables sans nous tuer. Les peines morales sont beaucoup plus difficiles à supporter. Sans parler de celles qui s'ajoutent aux douleurs physiques pour les amplifier, ainsi du sentiment erroné qu'un mal présent est susceptible de durer toujours. Il n'est que d'évoquer ces craintes sans fondement auxquelles la philosophie apporte un quadruple remède : la crainte des dieux, la crainte de la mort, l'illimitation des désirs et enfin justement l'idée que la douleur est irrésistible.

Corrélativement, et au contraire de ce que pense Aristippe, les plaisirs de l'âme, son absence de troubles, importent davantage au sage que ceux du corps (surtout ceux qui seront en mouvement). Il faut distinguer ceux-ci de ceux-là. Tandis que les premiers sont relatifs à l'état présent du corps, les seconds regardent l'état du corps dans le passé ou dans l'avenir. Le sage ne se contente pas de jouir physiquement de l'instant présent, il lui faut pouvoir raisonnablement espérer qu'il en sera toujours ainsi afin d'être heureux.

> « *Le cri de la chair : ne pas avoir faim, ne pas avoir soif, ne pas avoir froid. Celui qui a ces choses et l'espoir de les avoir, peut rivaliser [avec Zeus] en bonheur*[1]. »

Contrairement à ce qu'une longue tradition a laissé entendre, cueillir le jour n'est guère épicurien : si la recherche du plaisir doit effectivement guider le sage dans la conduite de sa vie, cette recherche porte non seulement sur le temps présent mais également sur les temps à venir. Et c'est pourquoi il faut savoir renoncer à un plaisir présent au non d'un plaisir plus grand à venir. Toute la prudence, c'est-à-dire la sagesse pratique, en quoi consiste l'objet de la philosophie, est dans cette capacité à bien

---

1. Épicure, *Sentences Vaticanes*, 33.

choisir ses plaisirs, c'est-à-dire à éviter ceux qui seront causes, demain, de souffrances plus grandes que la félicité présente. Les débauchés dont Épicure ne cesse de vouloir distinguer ceux qui lui sont fidèles souffrent donc de leur vision à trop courte vue du plaisir. Ils ont raison de le rechercher ; ils ont tort de le faire sans prudence ni sagesse.

Carpe diem...

Profiter de la vie pendant qu'il en est temps : cueillir le jour. En fait d'éthique de la vie, le *carpe diem* reste peu ou prou la seule forme de sagesse dont les modernes se sentent encore capables. D'où le succès d'un film comme le *Cercle des poètes disparus*. Cueillir le jour paraît ainsi inséparable de l'individualisme contemporain : nul salut, ni religieux ni politique ne venant donner une perspective à l'existence actuelle, celle-ci ne trouve son sens que de manière immanente : il s'agit de profiter de la vie, puisque rien d'autre ne compte. Il y a une urgence à vivre, à vivre heureux, une urgence qui se manifeste principalement à l'occasion des plaisirs : il convient de les saisir, d'en profiter sur le champ, vu qu'ils sont éphémères. C'est surtout à propos de l'amour que le *carpe diem* est généralement évoqué, de Ronsard (« *Mignonne, allons voir si la rose* ») à Raymond Queneau (« *Si tu crois fillette...* »). On en devine les raisons : d'une part parce que l'amour est source de plaisirs parmi les plus vifs et qu'il n'est de plaisir qu'au présent, d'autre part parce que, à tort ou à raison, l'amour est d'abord associé à la jeunesse et que la jeunesse, par définition, ne dure pas. Chaque âge ayant ses plaisirs, il importe de jouir dès le matin de la vie : il est donc toujours urgent de cueillir le jour. Mais cette urgence ne compromet-elle pas le bonheur qui est ainsi recherché ? Cueillir le jour procède de la conscience du temps qui passe, mais cette conscience n'interdit-elle pas cette insouciance si nécessaire au bonheur ?

Sagesse du plaisir

Et pourtant, Épicure, quoiqu'il veuille s'en distinguer, rejoint Aristippe, également sur deux points essentiels.

L'idée de mesure des plaisirs n'est pas du tout étrangère aux Cyrénaïques, ni celle de calcul des plaisirs. En effet, on peut comprendre de deux façons l'idée de saisir les plaisirs qui se présentent : comme un choix aveugle ou comme un calcul réfléchi. Les occasions de jouir d'un plaisir ne dépendent pas de nous et c'est pour cette raison précise, afin de ne pas s'en rendre esclave, que le sage cyrénaïque décide d'en jouir et de profiter de l'occasion en toute connaissance de cause. C'est-à-dire dans la mesure où ce plaisir présent ne sera pas payé ensuite de souffrances plus grandes, dans la mesure où il sera obtenu à moindre coût.

Il serait étonnant qu'une vie ne soit faite que de plaisirs et c'est pourquoi il est sage de ne négliger aucun de ceux qui se présentent dès lors qu'on peut les saisir sans dommages :

> « *[Selon les Cyrénaïques], le sage ne vit pas une vie totalement agréable, ni l'homme mauvais une vie pénible totalement, mais pour la plus grande part. Il suffit de goûter un par un les plaisirs qui se présentent*[1]. »

Pour finir...

Enfin et surtout, c'est dans l'idée de faire de la prudence ou sagesse pratique le sens même de l'activité philosophique que les deux penseurs se rejoignent et plus précisément dans l'idée d'ordonner cette sagesse à la recherche du plaisir. Pour l'un comme pour l'autre, au-delà de ce qui les sépare, le sage ne saurait trouver le bonheur qu'à la double condition du plaisir et de ne pas s'en faire l'esclave. Posséder le plaisir, ne pas être possédé par lui, tel pourrait être, pour plagier Aristippe, le mot de la fin.

---

1. Diogène Laërce, *op. cit.*, II, 91.

4 / **Thomas d'Aquin**

ou le plaisir comme péché capital

Pour commencer...

Thomas d'Aquin (1225-1274) naît au château de Roccasecca, situé entre la Rome des papes et la Naples des empereurs. Il étudie au monastère bénédictin du Monte Cassino, puis, au *studium generale* de Naples, les arts, la philosophie et la théologie. En 1244, il entre dans l'ordre des Dominicains, ordre prêcheur, malgré l'opposition véhémente de ses parents, et à une époque de conflit sévère entre l'Empire et la Papauté – c'est en 1245 que l'empereur Frédéric II est déposé par le pape Innocent IV. Selon lui, il est bon, non seulement de contempler les choses divines, mais aussi de les transmettre : certes, la vie contemplative est meilleure que la vie active, mais la vie apostolique lui est encore supérieure. Il se rend à Paris, puis à Cologne, où il est le disciple et l'assistant d'Albert le Grand.

Dès 1256, il devient *magister in sacra pagina*, exerçant trois fonctions : commenter la lecture, soutenir la dispute, prêcher. Il est un ardent défenseur de la vie religieuse mendiante. En 1259, il retourne en Italie. C'est l'époque où il rédige la *Somme contre les Gentils*, texte qui défend la vérité de la foi catholique, contre tous ceux qui errent loin de la vraie foi, les païens, les juifs, les musulmans, les hérétiques.

Devenu prédicateur général, il séjourne à Orvieto, puis il va à Rome ; il y commence sa grande *Somme théologique*, puis il en poursuit la rédaction à Paris, où il exerce une deuxième régence. La troisième partie de la *Somme* est entreprise à Naples en 1272. Mais Thomas meurt à Fossanova, le 7 mars 1274, sur le chemin du concile de Lyon. Dans les années qui suivent, des propositions d'inspiration thomasienne sont condamnées. Mais elles sont reconnues par le magistère, et Thomas est canonisé par Jean XXII en 1323.

L'unique fin bonne et légitime : Dieu

Une pensée frémissante de désir

La philosophie de Thomas d'Aquin est avant tout la pensée d'un grand croyant. Faisons d'abord entendre la voix d'un poète, pour mesurer la solidarité, dans la pensée thomasienne, de la foi et de la raison.

« Le grand fait est le désir du bonheur et de joie qui n'est pas satisfait en cette vie. Il a le caractère évident, grossier, profond, d'une nécessité, et nous n'avons pas plus de raisons de ne pas nous y fier qu'à notre appétit qui nous indique qu'il faut manger. De ce principe découle tout le christianisme. [...] Il n'y a rien qui existe plus que l'Être, il n'y a rien de plus fort que cet appel du parfait à l'imparfait, que nous appelons Amour. [...] Toutes choses meurent en Dieu, comme un enfant qui rend le dernier Soupir dans le sein de son père bien-aimé qui le tient entre ses bras. Il y a joie à mourir ainsi[1]. »

Une telle pensée ne veut pas seulement parler à l'intellect, elle veut saisir l'esprit dans ses ressorts les plus profonds.

Pour une morale théologique

Pour Thomas, tout ce qui peut être dit de vrai sur l'homme dépend strictement de ce qu'on dit de Dieu. Certes, il est vain de vouloir connaître Dieu, car sa substance dépasse absolument l'intelligence humaine. Mais la raison naturelle est voulue par Dieu, elle n'est donc pas intrinsèquement trompeuse. Le problème est que, si la vérité est une du côté de Dieu, du côté de nos connaissances elle revêt des modalités diverses. La raison, qui procède par la voie de la démonstration, ne saurait donc suffire à rendre compte des vérités de la foi ; sans la Révélation que transmet l'Écriture et que confirme la prière, la raison est impuissante à convaincre ; tout

---

1. Paul Claudel, *Je crois en Dieu*, Ed. Gallimard, p. 381.

au moins peut-elle argumenter utilement contre les erreurs que certains commettent contre elle, sans exposer la foi au mépris des incroyants.

Cette prescription s'applique au domaine moral et à l'usage que nous devons avoir des plaisirs. Ainsi, pour saint Thomas, le plaisir le plus grand qu'on puisse avoir est de toute évidence celui que l'on reçoit de Dieu, par la grâce de la Création et par celle de la Rédemption. C'est la charité qui doit enflammer le cœur du chrétien ; cela ne le dispense aucunement des devoirs de l'homme terrestre, des charges de famille, des fonctions publiques.

Ce qui doit prévaloir est la loi de Dieu, et toutes les obligations peuvent en être déduites. Mais l'attachement de Thomas pour les desseins de Dieu et pour les exigences de celui-ci l'oblige aussi à développer une anthropologie très précise, qui procède de la connaissance du cœur humain, de ses passions. À cette fin, il prend constamment appui sur l'éthique d'Aristote, qu'il commente et complète avec soin – malgré la méfiance, voire les interdictions, de l'Université à cet égard.

Homme, jusqu'où ton désir te mènera-t-il ?

De la théologie à l'anthropologie

L'homme participe, avec toutes les créatures, à la nature telle qu'elle est donnée par Dieu, c'est-à-dire de manière téléologique : il ne peut manquer, par sa pensée et son action, de poursuivre des fins choisies parmi celles qui sont possibles dans le monde ; en outre, il ne se contente pas des fins qu'il peut obtenir par ses propres moyens, et son désir lui commande de vouloir le bonheur ; enfin, ce qu'il veut doit être conforme à ce que Dieu lui-même veut, et c'est donc au niveau de Dieu que se situe l'accomplissement d'une vie d'homme. La béatitude est « l'acquisition de la fin ultime »[1]. Tant que l'homme agit sur cette terre dans l'intention

---

1. *Somme théologique* [désormais notée *ST*], Première section de la deuxième partie, Question 1, article 8.

de contribuer au bien commun, il peut avoir le sentiment d'avoir accompli ce qu'il doit, et il connaît le plaisir et la joie dans le bien qu'il a choisi et qu'il a délibérément poursuivi. On ne peut dire que Dieu soit possédé comme on possède un bien terrestre.

> « *Dieu est la fin ultime au titre de réalité recherchée en dernier lieu, et la jouissance est fin ultime comme prise de possession de cette même fin*[1]. »

Dans cette perspective, Thomas, comme Aristote, écarte les réponses qui sont les plus courantes : ainsi la fin ultime serait-elle la richesse, ou les honneurs, consisterait-elle dans un bien du corps plutôt que de l'âme. Il est vrai que la recherche du bonheur est universelle. Thomas reçoit d'Aristote une conception eudémoniste de l'éthique : la fin de l'homme est d'être heureux ; et on est heureux quand on possède tout ce qu'on désire. Il ne s'agit pas de remettre en question que l'homme cherche nécessairement et naturellement à être heureux.

Mais Thomas doit tenir compte aussi du fait que tout change si l'homme est conçu comme une créature. Cela veut dire que la nature est subordonnée à des fins qui dépassent son ordre. Ainsi la volonté humaine est-elle ordonnée à celle de Dieu – un être inaccessible, que l'on ne peut posséder et qui, tout au contraire est supérieur à tout ce que l'homme peut faire ou atteindre. Dès lors, la notion de bonheur change de sens : ce n'est pas en participant à l'ordre cosmique, mais en s'exerçant, selon la foi, aux prescriptions reçues de la Révélation, qu'on peut atteindre la béatitude.

L'anthropologie du bonheur

La Bible se prononce sur ce que peut être la béatitude : une connaissance et une vision de Dieu, mais aussi un mouvement qui, par la voie du Christ, réunit les chrétiens autour de leur Seigneur. « C'est lui qui rassasie tes désirs en te comblant de biens », proclament les *Psaumes*[2]. Mais Thomas s'efforce aussi d'énoncer

---

1. *ST*, I-II, Question 11, article 3.
2. *Psaumes*, 103, 5.

les exigences qui s'appliquent à l'homme à l'aide des moyens de la philosophie.

En tant que créées, toutes les choses sont appelées par Dieu à l'existence qui accomplit sa volonté. Quant aux simples créatures, elles sont orientées par leur être et animées providentiellement par des vertus vers des fins conformes à leur être : leurs mouvements leur sont donc « connaturels et faciles ». Quant à l'homme, qui est doué d'intelligence et de volonté, il doit agir en son nom propre pour accomplir son désir de béatitude, c'est-à-dire « le bien surnaturel éternel ». Pour l'y aider, Dieu infuse

> « *des formes et des qualités grâce auxquelles il est mû avec suavité et promptitude vers l'acquisition du bien éternel[1].* »

Tous les êtres désirent la jouissance : les sages aussi bien que les insensés, et même les êtres sans raison. Il est bon de préférer les biens du corps aux biens extérieurs tels que l'argent. Mais le plaisir qu'on y prend est dangereux, car

> « *la délectation absorbe à ce point la volonté et la raison de l'homme, qu'elle lui fait mépriser tous les autres biens[2].* »

Or

> « *l'âme raisonnable dépasse en ampleur la matière corporelle, et la part de l'âme qui est indépendante de tout organe corporel a une sorte d'infinité par rapport au corps et aux parties de l'âme liées au corps[3].* »

C'est donc de l'âme que l'homme peut tenir sa béatitude, même si elle ne consiste pas en l'âme elle-même.

---

1. *ST*, I-II, Q. 110, a. 2.
2. *ST*, I-II, Q. 2, a. 6, objection 2.
3. *ST*, I-II, Q. 2, a. 6, réponse.

La recherche fiévreuse du bien

Les plaisirs de l'âme

Thomas reprend à Aristote l'idée que la béatitude est une activité. L'homme est doué de facultés qui le disposent à des activités, et son bonheur ne saurait le dissocier de lui-même, des opérations qu'il veut et accomplit. La béatitude vient de l'union à Dieu, elle est continue lorsqu'elle devient parfaite, mais elle reste discontinue sur cette terre. Il y a un privilège de la contemplation : elle dépend seulement de l'effort de la partie intellectuelle de l'âme. Mais cela n'implique pas de mépriser les autres activités de l'âme. Ainsi les activités sensibles préparent-elles l'activité intellectuelle, et en sont aussi les conséquences. Ce qui importe en revanche, c'est que les activités auxquelles l'homme se prête soient réglées par la vertu. C'est ce que Thomas explique dans sa Question 34, dès l'article 1, où il cite Aristote : « l'homme vertueux est la mesure et la règle des actes humains[1] ». La vertu, comme l'art, porte sur ce qui est difficile et bon ; or aucun art n'est ordonné au plaisir ; donc le plaisir n'est pas quelque chose de bon. Il faut donc savoir se méfier. Les plaisirs du corps entravent l'exercice de la raison, ils sont comme une « ligature » de la raison. Par exemple, « le plaisir de l'acte conjugal, bien que son objet soit conforme à la raison, empêche cependant l'exercice de celle-ci, à cause du bouleversement physique qui l'accompagne ». Le plaisir conjugal ne revêt pas par lui-même un caractère de malice morale, « puisqu'il n'est un péché ni mortel ni véniel » ; pourtant, on ne peut le dire purement innocent, car « il provient d'une certaine malice morale, celle du péché de notre premier père[2] », avec lequel notre humanité nous rend solidaire.

Le poète nous rappelle encore que

> « *Dans cette amère vie mortelle, les plus poignantes délices révélées à notre nature sont celles qui accompagnent la création d'une âme par la jonction de deux corps[3].* »

---

1. Aristote, *Éthique à Nicomaque*, X, 5.
2. *ST*, I-II, Q. 34, solution 1.
3. Claudel, *op. cit.*, p. 396.

Le seul plaisir absolument légitime de l'homme est celui qu'il connaît dans le Seigneur son Dieu. Mais Thomas corrige aussitôt : s'il est bon d'inciter à la juste mesure de la vertu et s'il est opportun pour cela de détourner les hommes des plaisirs – dans l'idée que les plaisirs ont tendance à devenir excessifs –, il faut considérer que « personne ne peut vivre sans quelque délectation sensible et corporelle », et que même les contempteurs du plaisir ne peuvent s'en écarter tout à fait ! Il relève de l'homme tempérant de

> « *Désirer comme il convient, ce qui convient, quand il convient*[1]. »

La passion et l'éducation au plaisir

Ressentir du plaisir, c'est accomplir le vœu de la nature. Étant créée par Dieu, la nature ne se comprend pas par elle seule ; elle ne peut être à elle seule, ni de manière principale, la cause explicative de ce qui est. Le plaisir est donc un signe de la bonté des choses, mais ce n'est pas seulement, comme chez Aristote, une manifestation de la téléologie naturelle, c'est un effet et un signe de la puissance de Dieu.

C'est un des buts principaux de l'éducation : apprendre à connaître les vertus, mais aussi à viser les plaisirs bons, à éviter les vices, mais aussi à goûter la vie ; bref, faire preuve du discernement nécessaire. Qu'est-ce donc qu'un plaisir bon, qu'est-ce qu'un plaisir mauvais ? Le principe est qu'une fois la vertu acquise, elle devient comme une partie de la nature, si bien qu'agir en la suivant devient agréable. La perfection morale est atteinte quand l'appétit est réglé selon la raison.

Poursuivre les plaisirs pour eux-mêmes est mauvais, parce qu'ils détournent l'attention des biens supérieurs (puisqu'on poursuit de préférence des plaisirs faciles), et font même mépriser les fins à l'occasion desquelles on les a, mais aussi parce qu'ils portent l'agent à l'excès. L'agent est porté à la recherche exclusive des plaisirs par ce qu'on appellera une « passion » : alors, ce n'est plus la volonté qui détermine entièrement l'action, mais un certain

---

1. *ST*, II-II, Q. 141, a. 6, solution 2.

état de l'esprit, où entrent les influences troubles de la sensibilité et les intérêts particuliers de l'individu. La passion est une forme mauvaise du désir, dans laquelle l'intensité de ce qui est ressenti par le sujet compte plus que la qualité de ce qui est poursuivi. Le plaisir est donc un ingrédient important de la passion, il entraîne avec lui l'énergie que le sujet met à agir. Le refus des plaisirs est certes une preuve de pusillanimité ; mais il est parfois valable d'en venir à se priver des plaisirs pour des raisons de sauvegarde (des raisons de santé, par exemple).

La passion porte l'homme à des actions très déraisonnables. Comme le dit saint Augustin,

> « *Quand on se soumet au désir, on laisse naître une habitude ; mais ensuite, quand on ne peut plus résister à l'habitude, on est livré à la nécessité[1].* »

Contre la tendance naturelle, très fréquente chez un grand nombre d'hommes, à laisser les plaisirs du corps s'épanouir, il faut faire appel au sentiment de honte, qui fait éviter l'impudence et l'inconvenance, il faut exiger aussi la décence et la bienséance.

La correction des plaisirs

Le péché

La fin essentielle de l'homme est la béatitude. Tant que l'homme agit en fonction de ce que Dieu et la Loi éternelle requièrent de lui, il peut espérer atteindre une telle béatitude. Mais en quel sens peut-il jouir de Dieu, qui ne se prête évidemment pas à la sensibilité du corps périssable ? Jouir [*frui*, en latin] consiste à cueillir un fruit [*fructum capere*]. Mais de quelle façon parvenons-nous à cette jouissance ? Ce sont les objets des sens qui nous attirent d'abord. Les animaux eux aussi sont capables de plaisir, en particulier à travers le toucher. Quant aux hommes, ils attachent volontiers du prix aux plaisirs de la vue. Mais les biens propres

---

1. Saint Augustin, *Confessions*, VIII, 5.

aux êtres rationnels doivent s'accorder avec la raison. C'est donc par l'intelligence que la béatitude peut être atteinte. Cela dit, si la vision de Dieu est un acte de l'intelligence, elle constitue aussi un bien et une fin, de sorte qu'elle satisfait aussi en ce sens la volonté. Finalement, la fruition béatifiante se rapporte à l'amour ou à la délectation que l'on éprouve à l'égard du terme dernier de son attente. On ne peut vraiment jouir que de la fin dernière, en ce sens seuls les hommes y sont appelés. Les plaisirs sont évidemment l'occasion de tentations multiples, donc de péché. Le péché consiste à se détourner de l'ordre éternel au profit d'une forme inférieure d'existence. C'est par l'activité des sens que l'on parvient à celle de la raison, mais

> « *Les vices et les péchés proviennent justement de ce qu'on suit le penchant de la nature sensible contre l'ordre de la raison*[1] »

ce qui revient à prendre un parti contraire à la loi éternelle. Thomas reprend à Augustin sa définition du mal : tout simplement, le pervers est celui qui tire d'un bien périssable une jouissance [*frui*], au lieu qu'il devrait seulement en user [*uti*] ; au contraire l'homme se tient à l'ordre des choses quand il ne voit dans les biens terrestres que des ressources pour se tourner vers Dieu, le seul dont puisse venir une jouissance béatifique. Le pervers est celui qui inverse l'ordre des moyens et des fins.

Le péché, c'est toute parole, tout acte, tout désir, qui est contraire à la loi éternelle – donc une offense faite à l'ordre divin. Il consiste dans l'appétit d'un bien périssable, dans la délectation spirituelle prise à la seule idée d'une chose désirée[2]. Certes, le péché occasionnel peut coexister avec l'habitus vertueux, mais il fait obstacle à l'acte vertueux. Le péché de gourmandise est un péché de chair, qui n'absorbe cependant pas autant l'attention de la raison que ne le fait le péché de fornication. Il y en a qui pèchent seulement contre eux-mêmes : le gourmand, le luxurieux, le

---

1 *ST*, I-II, Q. 71, a. 2.
2. *ST*, I-II, Q. 72.

prodigue. Il y en a qui pèchent aussi contre autrui : le voleur et l'homicide. N'oublions pas les péchés spirituels, telle l'avarice, et surtout les péchés dirigés contre Dieu : l'hérésie, le sacrilège, le blasphème. Car le péché est d'autant plus grave qu'il détourne plus la raison de sa fin. En un sens, la sensualité est donc moins coupable que le péché spirituel. Le problème est que la sensualité est dans une continuelle dépravation qui nous vient du péché originel. Certes, l'homme peut toujours, par la raison, « réprimer, quand il les sent venir, chacun des mouvements désordonnés de la sensualité, par exemple en détournant sa pensée vers autre chose » ; cependant, cet effort de la volonté raisonnable peut faire naître à son tour « un mouvement de vaine gloire qui n'était pas prémédité ». Et plus généralement,

> « Le péché véniel, qui est dans la sensualité, est une disposition au péché mortel, qui est dans la raison[1]. »

Le plaisir peut-il contribuer à la perfection de l'âme ?

Il semble que le plaisir soit entaché d'une équivoque irrémédiable. La joie qu'il nous donne est une cause de perdition. Mais le mouvement inverse est aussi possible. Certes, en tant qu'elle touche l'âme, la douleur est une tristesse, opposée à la joie ; mais elle peut aussi en être la cause par accident. Ainsi, l'homme assoiffé cherche le plaisir de boire avec plus d'ardeur. Plus encore, le désir de certains plaisirs nous fait aimer les tristesses qui nous valent d'y parvenir. Ainsi dans les spectacles, les souffrances mêlées d'admiration peuvent être agréables, « en tant qu'on y éprouve un amour imaginaire pour les héros qu'on y célèbre ». Thomas n'hésite pas à dire que le travail qu'on endure contre le péché, et les angoisses pour la gloire dont on est éloigné, sont un mérite ; et que « les larmes de la vie présente conduisent à la consolation de la vie future[2] ».

En quel sens pourrait-il y avoir des plaisirs purs ? L'appétit intellectuel n'en est-il pas capable ? Aristote lui-même les

---

1. *ST*, I-II, Q. 74, a. 4, solution 3.
2. *ST*, I-II, Q. 35, a. 3, solution 2.

attribue à Dieu, et ils sont constants chez les anges. L'objectif de l'homme est donc de participer aux joies angéliques, à ces joies pures où la contemplation de Dieu ne se mêle à aucun autre désir[1].

La souveraineté de l'amour

L'amour, désir d'absolu, est le seul interprétant légitime du plaisir

Rien ne peut mieux faire comprendre en quoi les plaisirs purs consistent que de dire le mystère des mouvements de l'amour. L'amour est un sommet de la vie morale, il ne saurait avoir lieu sans de redoutables paradoxes. Est-ce que l'homme qui aime quelqu'un l'aime pour le plaisir qu'il trouve en lui ? Mais son amour n'est alors que convoitise. L'aime-t-il uniquement pour ce qu'il est ? Cela annihilerait la volonté propre de celui qui aime. Thomas traduit ce problème dans les termes suivants : peut-on dire qu'il y a inhabitation mutuelle entre deux personnes qui s'aiment ? Cela paraît impossible de contenir l'autre en même temps qu'on est contenu par lui ! L'amour véritable transcende la différence entre la convoitise, qui veut prendre pour soi, et l'abnégation, qui s'en remet tout à fait à autrui. Ce qu'il faut voir, c'est que réciproquement l'aimant est dans l'aimé, et ce de deux façons : car par la convoitise il ne se contente pas d'une « possession ou jouissance extérieure et superficielle de l'aimé, mais il cherche à le posséder parfaitement et à le joindre en son plus intime » ; et « dans l'amour d'amitié, l'aimant est dans l'aimé parce qu'il considère les biens et les maux de son aimé comme les siens, et la volonté de son ami comme la sienne propre, de telle sorte qu'il paraît recevoir et éprouver lui-même en son ami les biens et les maux. [...]

---

1. *ST*, I-II, Q. 31, a. 4 ; cf. Aristote, *Éthique à Nicomaque*, VII, 14.

Ainsi donc, en tant qu'il considère comme sien ce qui est à son ami, l'aimant semble exister en celui qu'il aime et être comme identifié à lui. Au contraire, en tant qu'il veut et agit pour son ami comme pour soi-même, le considérant comme un avec soi, c'est l'aimé qui est dans l'aimant[1]. »

L'amour de Dieu

L'exemple supérieur de l'amour nous montre comment le plaisir qui est consécutif à la raison fortifie l'exercice de cette dernière. Quand l'âme appréhende son union au bien qui lui convient, non seulement elle connaît la perfection qu'elle atteint, mais elle s'agrandit et se dilate par le plaisir ; par l'assentiment du désir à la réalité délectable où il se repose, l'âme s'offre à celle-ci comme pour la « saisir intérieurement ; ainsi l'affectivité de l'homme est dilatée par le plaisir, quand elle se livre, en quelque sorte, pour retenir en elle la chose qui la délecte ». La dilatation est attribuée au plaisir en ce que ce dernier élargit l'appétit pour le rendre capable de recevoir davantage ; elle est

> « *Attribuée à l'amour en raison d'une certaine expansion, en tant que l'activité de celui qui aime s'étend aux autres, en prenant soin non seulement de son bien propre mais aussi du leur*[2]. »

Pour finir...

Résumons. La satisfaction des désirs corporels les rend fastidieux ; la répétition des plaisirs amène à l'excès, puis au dégoût. En revanche, les plaisirs spirituels « causent au plus haut point la soif ou le désir d'eux-mêmes », et « c'est lorsqu'on parvient au

1. *ST*, I-II, Q. 28, a. 2, réponse.
2. *ST*, I-II, Q. 33, a. 1, solution 1.

sommet de ces plaisirs qu'ils sont le plus agréables », ainsi que le dit la phrase de saint Jean[1] :

> « *celui qui boira de cette eau aura encore soif* ». *C'est pourquoi aussi,* « *au sujet des anges, qui ont de Dieu une connaissance parfaite et délectable, il est écrit qu'ils désirent ardemment le contempler*[2] ».

Le poète et la Bible

Écoutons encore une fois le poète. Le regard qui se tourne vers Dieu, dit Paul Claudel, est un « regard respiratoire, qui n'intéresse pas un seul sens, mais qui informe l'être tout entier dans l'ensemble de ses organes et facultés ». C'est un don de l'esprit. Être inspiré par l'esprit, c'est « quelque chose de direct et d'immédiat, pareil au réflexe des nouveau-nés, une espèce de respiration liquide, la bouche qui aspire et qui hume. Qui n'a vu un petit enfant se prendre ainsi au sein de sa mère, tandis que, de son bras étendu on dirait qu'il bat la mesure et interdit le dérangement ? Chaque gorgée nous rafraîchit, nous remplit, nous soulage, nous épanouit[3] ».

---

1. *Évangile de Jean*, 4, 13.
2. *ST*, I-II, Q. 33, a. 2, réponse.
3. Claudel, *Le Poète et la Bible*, Ed. Gallimard, II, 1217 et I, 568.

La Mettrie

ou l'art de jouir

Pour commencer...

Julien Offray de La Mettrie (1709-1751) est un penseur matérialiste, et qui n'en démord pas. D'autres seraient idéalistes, d'autres sceptiques, d'autres voudraient dépasser la philosophie par l'élan de la foi ; lui, reprend inlassablement le refrain de la matière. Le plaisir qu'on peut prendre à la vie serait un effet de la matière, sans qu'il y ait à chercher là aucune autre révélation. Faisons donc l'éloge du plaisir et de l'amour ! La Mettrie n'est pas un pur penseur ; c'est un sentimental.

Il est normand, né à Saint-Malo ; il fait ses études à Coutances, Caen, puis Paris et finalement Reims, où il devient docteur en médecine (1733). Par la suite, il va à Leyde, où il fait la connaissance du fameux Hermann Boerhaave, médecin et chimiste, un partisan du iatromécanisme, pour lequel la vie consiste dans « le mouvement perpétuel des solides et des fluides ». Une fois revenu à Saint-Malo pour y être médecin, il écrit un *Système de M. Hermann Boerhaave sur les maladies vénériennes* (1735). Il publiera ensuite les *Institutions de médecine* de Boerhaave, et écrira lui-même bien d'autres ouvrages de médecine, sur le vertige ou l'art de prolonger la vie, par exemple. Il fréquente les milieux libertins, et publie des *Essais sur l'esprit et les beaux esprits*.

En 1742, il devient médecin du duc de Grammont et du régiment des Gardes françaises. Assistant au siège de Fribourg (1744), il est pris d'une forte fièvre – qui lui fait ressentir les mystères de l'union de l'âme et du corps ! En 1745, il est médecin-chef chargé des hôpitaux militaires de Flandre. Son *Histoire naturelle de l'âme* est publiée clandestinement : ce traité est l'objet d'une saisie par la police puis condamné par le Parlement de Paris à être brûlé (avec les *Pensées philosophiques* de Diderot) en 1746, parce qu'il « sape les fondements de toute Religion et de toute Vertu ».

La Mettrie continue à publier à la fois des textes de morale tels que *L'École de la volupté*, des satires telles que *La Politique du médecin de Machiavel*, et des opuscules où il défend les « chirurgiens » dans leur lutte contre les privilèges des « médecins », et fait l'éloge du « grand art de guérir ». Il doit s'exiler en Hollande, où paraît en 1748 le fameux *Homme-Machine*, chez E. Luzac à Leyde (Luzac est condamné par les autorités religieuses). Grâce à Maupertuis, il obtient la protection du roi Frédéric II : il devient lecteur et médecin du Roi, et membre de l'Académie des Sciences de Berlin. Il projette de revenir en France – mais en 1751 il meurt d'une intoxication alimentaire (ou, aux dires de ses ennemis, d'une indigestion).

Un sectateur de la volupté ?

Provocateur, La Mettrie a beaucoup choqué ses lecteurs, et même ses amis. Penseur libertin, il se montre impitoyable pour les dogmes et les préjugés, incrédule en religion, épicurien, apologiste de la liberté sexuelle. Certes, il reconnaît lui-même son penchant pour les excès rhétoriques et l'intempérance argumentative, mais pas tellement pour l'extravagance morale. Car, est-il un franc apologiste du vice et des mœurs dissolues ? Qu'il soit léger comme les scènes idylliques des peintures de Fragonard, sans doute. Mais est-il un sombre libertin, comme ce Choderlos de Laclos, dont les *Liaisons dangereuses*, racontant les tortueuses intrigues du débauché Valmont et de la criminelle Marquise de Merteuil, ont fourni le sujet d'un film ? Certes non. Et c'est ce qui fait la richesse et la complexité de son amour du plaisir.

Certes, La Mettrie n'a pas ménagé ses effets pour faire l'éloge du plaisir. Selon lui, le plaisir est comme une divinité à laquelle il est toujours possible et toujours attirant de sacrifier un culte : « Plaisir, maître souverain des hommes et des dieux, devant qui tout disparaît, jusqu'à la raison même, tu sais combien mon cœur t'adore », s'exclame-t-il volontiers[1]. Mais cela ne veut pas dire que tout plaisir soit immédiatement bon, et qu'il faille se livrer à lui sans discrimination : il y a « d'infâmes voluptés » et « d'indignes débauches » !

---

1. *L'art de jouir*, p. 299. Sauf mention contraire, les références seront faites au tome 2 des *Œuvres philosophiques*, Ed. Fayard.

Pour le comprendre, il s'en rapporte à la philosophie, qu'il définit comme « la science des choses par leurs effets[1] ». Prenons donc la mesure de la fameuse radicalité de La Mettrie.

Tout est matière, ou résulte de la matière!

Le matérialisme

Le plaisir est d'abord un effet de la matière et de son organisation vivante. Il appartient de plein droit à la nature, à laquelle nous devons rendre grâces de ce qu'elle nous donne. Or il n'y a qu'une seule façon de le faire, c'est de professer le matérialisme.

> « *On a donné le nom de matérialistes à ceux qui n'admettent qu'une seule substance dans l'homme, et d'immatérialistes à ceux qui avaient recours à une seconde, qu'on nomme âme[2].* »

Être matérialiste, c'est affirmer surtout que la nature agit partout de la même façon, même si les effets que nous lui voyons sont divers et variables. « Il n'y a dans tout l'univers qu'une seule substance diversement modifiée », répète La Mettrie, et « la matière se meut par elle-même », sans qu'il faille avoir recours pour l'expliquer à des forces spirituelles. La Mettrie prétend ici être le disciple de Descartes, qu'il remercie d'avoir le premier parfaitement démontré que les animaux étaient de pures machines. Cela ne l'empêche pas de troubler parfois le dualisme cartésien, et de la conception cartésienne de la matière, et il lui arrive aussi de dire que, « s'il est un être qui soit, pour ainsi dire, pétri de sentiment, c'est l'animal[3] ».

La conclusion majeure, c'est que l'homme lui-même est concevable comme une machine : tout comme l'animal, c'est un

---

1. *Discours préliminaire*, p. 41 (t. 1).
2. *L'homme plus que machine*, p. 143.
3. *Histoire naturelle de l'âme*, chapitre VII (t. 1).

être purement matériel dont l'esprit est déterminé par le corps et par l'état du cerveau qui produit la pensée. La distance n'est pas si grande de l'animal à l'homme :

> « *L'homme dans son principe n'est qu'un ver qui devient homme, comme la chenille papillon.*[1] »

Vers une éthique de l'existence matérielle

Le but du matérialisme est de soustraire le discours sur l'homme à l'influence de la théologie, voire à la métaphysique. Foin des imaginations « immatérialistes » ! Loin de nous les obscurités de la foi, les macérations de l'âme, la contrition et les ascèses spirituelles ! Faisons bon accueil à la vie ! Pour cela, parlons en termes matériels, de fonctionnements, de transports de substances. Qu'y a-t-il de plus absurde quand on veut expliquer la perception et la pensée : requérir de l'âme immatérielle qu'elle se répande subtilement dans le corps pour animer les sens, ou voir en l'âme même de la matière ?

De ce point de vue, la pratique des plaisirs est d'abord une question d'hygiène :

> « *il est évident que le coït trop rare peut exciter des maux aussi funestes que le coït trop fréquent : si l'un épuise nos esprits, l'autre nous appauvrit, pour ainsi dire, de nos richesses. Plus la semence séjourne dans les vésicules séminales, plus elle s'y échauffe, s'y divise et s'y atténue [...]; la seule vue ou la seule conversation d'une jolie femme attire la matière au bout du gland, et l'on est ordinairement sujet à de fréquentes pollutions nocturnes ; d'où il suit qu'une trop grande quantité de sperme nuit à nos humeurs par l'extrême raréfaction qu'elle y cause, et produit ainsi ces vapeurs et ces hémorragies des narines qu'on remarque si souvent dans la plupart des jeunes gens et des vierges pléthoriques*[2] ».

---

1. *L'homme-machine*, p. 207.
2. *Traité du vertige*, p. 47.

Au demeurant, cette thèse peut apparaître réductrice en même temps que scandaleuse. Le matérialisme du XVIIIᵉ siècle n'est, à nos yeux, pas encore très savant. Il repose trop souvent sur les comparaisons et les métaphores. Ainsi le corps humain sera-t-il comparé à une horloge, immense, complexe, remarquable sans doute : certains de ses rouages peuvent parfois se gripper, sans que pour autant l'ensemble s'arrête, du moins tant que le cœur n'est pas atteint. Jusqu'à un certain point, la machine corporelle travaille elle-même à monter ses ressorts. Au bout du compte, la pensée elle-même, qu'on parvient à stimuler ou à calmer par des remèdes physiques, est un produit de la matière.

> « *Concevez le colosse [de Rhodes] et la pyramide d'Égypte organisés comme votre cerveau, je nie qu'ils ne penseront pas[1].* »

L'intimité de l'âme et du corps
Jusqu'où la solidarité des facultés peut-elle aller ?

> « *L'âme et le corps s'endorment ensemble. [...] La circulation se fait-elle avec trop de vitesse ? l'âme ne peut dormir. L'âme est-elle trop agitée, le sang ne peut se calmer* »

mais la vigilance est parfois faible, affectée de « petits sommeils d'âme » et de « rêves à la Suisse, qui prouvent que l'âme n'attend pas toujours le corps pour dormir ». Si les substances matérielles déterminent l'état des sentiments, pourquoi n'en pas faire un usage raisonné ? Ainsi l'opium

> « *enivre, ainsi que le vin, le café, etc., chacun à sa manière, et suivant sa dose. Il rend l'homme heureux dans un état qui semblerait devoir être le tombeau du sentiment, comme il est l'image de la mort. Quelle douce léthargie ! L'âme n'en voudrait jamais sortir. Elle*

---

1. *L'homme plus que machine*, p. 148.

était en proie aux plus grandes douleurs ; elle ne sent plus que le seul plaisir de ne plus souffrir et de jouir de la plus charmante tranquillité. L'opium change jusqu'à la volonté ; il force l'âme, qui voulait veiller et se divertir, d'aller se mettre au lit malgré elle[1]. »

« Matérialiste convaincu », La Mettrie se montre aussi volontiers agnostique : de même, dit-il, qu'une chenille a « l'âme [...] trop bornée pour comprendre les métamorphoses de la Nature », et imaginer qu'elle deviendra papillon, de même devons-nous nous accommoder de notre « ignorance invincible » sur ce qui se passe au-delà de la mort[2]. Bref : intérêt pour l'expérience et admiration pour les propriétés innombrables de la nature, tels sont les deux premiers secrets d'un esprit sage, tranquille « et par conséquent heureux ».

La jouissance gastronomique

L'art de jouir matérialiste ne se déploie pas seulement sur le terrain des relations sexuelles : il reviendra à Brillat-Savarin d'acclimater la philosophie morale à la gastronomie, dont La Mettrie était friand, même s'il en parle beaucoup moins que de l'amour. « Les animaux se repaissent ; l'homme mange ; l'homme d'esprit seul sait manger[3]. » Il s'agit d'un art à part entière, qui participe autant que les autres à la culture de l'homme. En effet, le plaisir de la table concerne tout le monde, dans tous les pays, à tout âge, quotidiennement ; il accepte d'être joint aux autres plaisirs (et subsiste en dernier après que les autres ont cessé de nous charmer) ; il réclame même impérativement celui de la conversation ; et surtout, la gourmandise n'est pas seulement un effet passif de la sensualité, mais une préférence, un choix délibéré, donc un acte de notre jugement ! De plus, le

---

1. *L'homme-machine*, p. 151 pour les dernières citations.
2. *Ibid.*, p. 213.
3. Brillat-Savarin, *Physiologie du goût*, Ed. Flammarion, coll. « Champs », p. 20.

véritable art de la table permet d'éviter les excès tels que l'indigestion et l'ébriété. La gastronomie humanise, et « la découverte d'un mets nouveau fait plus pour le bonheur du genre humain que la découverte d'une étoile ». En somme, le goût est une faculté « plus prudente, plus mesurée » que l'amour physique; mais elle n'est pas « moins active[1]. » Et il n'est au fond pas usurpé d'appeler « goût » la compétence de l'homme de l'art.

Moi, je suis un être qui jouit

La pensée du plaisir

C'est ici que la doctrine du plaisir prend le relais de la physiologie. Il ne s'agit plus de fonder l'hédonisme sur une conception générale de la matière, mais à l'inverse de voir dans l'univers vivant des mécanismes que régissent les impulsions passionnelles. Ce ne sont plus les états de la matière qui produisent ceux de l'âme; et il ne suffit plus de dire, en général, que « les divers états de l'âme sont toujours corrélatifs à ceux du corps »; il s'agit d'établir la moralité même de la vie naturelle. Cette thèse peut nous paraître plus confuse que la précédente, qui avait pour elle l'avantage de la simplicité : de la nature, donc du corps, se déduisaient les événements que nous appelons spirituels. C'est une thèse à caractère général : tous les talents que nous avons découlent « d'une disposition qui nous rend propres à devenir habiles, savants et vertueux ». Et cette disposition même, d'où nous vient-elle, si ce n'est de la nature ? En somme, « nous n'avons de qualités estimables que par elle; nous lui devons tout ce que nous sommes[2]. » Mais l'attribution ultime à la nature de tous les phénomènes que nous voyons et que nous sentons n'implique pas que la moralité de nos actes nous soit soustraite. Au contraire, cette thèse donne à La Mettrie l'occasion d'affirmer la singularité

---

1. Brillat-Savarin, *op. cit.*, p. 44.
2. *L'homme-machine*, p. 169.

radicale de l'expérience de chacun – et l'expérience du plaisir est le témoignage le plus clair de cette singularité irréductible.

> « *Être machine, sentir, penser, savoir distinguer le bien du mal, comme le bleu du jaune, en un mot, être né avec de l'intelligence et un instinct sûr de morale, et n'être qu'un animal, sont donc des choses qui ne sont pas plus contradictoires qu'être un singe ou un perroquet et savoir se donner du plaisir[1].* »

L'univers nous parle à travers les affections qu'il nous transmet et qui nous instruisent de ce que nous sommes plus efficacement que ne le font nos concepts. « La Nature nous a tous créés uniquement pour être heureux ; oui tous, depuis le ver jusqu'à l'aigle qui se perd dans la nue ». D'ailleurs, notre athée ne récuse pas violemment « l'existence d'un Être suprême » : il lui accorde même « la plus grande probabilité » ! Mais il importe au premier chef que le dogme des théologiens ou des métaphysiciens ne fasse pas obstacle à la révélation de la seule loi naturelle qui unit tous les êtres et qui se formule dans cette profession de foi :

> « *Il y a tant de plaisir à faire du bien, à sentir, à reconnaître celui qu'on reçoit, tant de contentement à pratiquer la vertu, à être doux, tendre, charitable, compatissant et généreux (ce seul mot renferme toutes les vertus), que je tiens pour assez puni quiconque a le malheur de n'être pas né vertueux[2]* ».

Au demeurant, le bonheur résulte souvent de ce qu'on suit les enseignements reçus, de ce qu'on obéit à une éducation qui nous prescrit de nous abstenir « de mille choses, qu'on ne peut s'empêcher de désirer et d'aimer » ; mais ce n'est là, dit La Mettrie, « qu'un bonheur d'enfant » ; alors qu'il serait profitable de se livrer aux « mille douceurs qui, sans faire tort à personne,

1. *L'homme-machine*, p. 207.
2. *Ibid.*, p. 182.

font grand bien à ceux qui les goûtent ». Ce conseil est-il celui d'un débauché? Pas vraiment. D'un voluptueux? Sûrement. Et la justification de cette protestation contre les rigueurs de la société? C'est que « les causes internes du bonheur sont propres et individuelles à l'homme[1]. »

Le principe est d'écouter la voix tout à la fois de son âme, de son cœur, de ses sentiments, donc de son corps — et le plaisir en est le truchement.

La poétique du plaisir

On comprend maintenant pourquoi La Mettrie n'éprouve aucune difficulté à souligner toujours la spiritualité du plaisir. Le plaisir est d'abord l'aliment et l'excitant de l'imagination : « je crois que tout s'imagine, et que toutes les parties de l'âme peuvent être justement réduites à la seule imagination, qui les forme toutes[2] ». L'imagination nous fait apercevoir la solidarité de tous les ordres de la nature. « Des animaux à l'homme, la transition n'est pas violente », comme on peut s'en douter; mais les similitudes ne sont-elles pas aussi grandes avec la plante?

> « *Si les fleurs ont une feuille, ou Pétales, nous pouvons regarder nos bras et nos jambes comme de pareilles parties. Le Nectarium, qui est le réservoir du miel dans certaines fleurs, telles que la tulipe ou la rose, est celui du lait dans la Plante femelle de notre espèce, lorsque le mâle la fait venir. [...] On peut regarder la matrice vierge, ou si l'on veut l'ovaire, comme un germe qui n'est point encore fécondé. Le Stylus de la femme est le vagin; la vulve, le mont de Vénus avec l'odeur qu'exhalent les glandes de ces parties, répondent au Stygma : et ces choses, la matrice, le vagin et la vulve forment le Pistil [...]. Pour nous autres Hommes, sur lesquels un coup d'œil suffit, fils de Priape, animaux spermatiques, notre Étamine est comme roulée*

---

1. *Discours sur le bonheur*, p. 240.
2. *L'homme-machine*, p. 167.

en tube cylindrique, c'est la verge; et le sperme est notre poudre fécondante ».

La fécondation ne connaît-elle pas des processus semblables en l'homme et chez la plante ?

> « *L'éjaculation des plantes ne dure qu'une seconde ou deux; la nôtre dure-t-elle beaucoup plus? [...] Des plaisirs trop longs eussent été notre tombeau. Faute d'air ou d'inspiration, chaque animal n'eût donné la vie qu'aux dépens de la sienne propre, et fût véritablement mort de plaisir[1].* »

De plus, la volupté d'imagination n'est-elle pas plus convaincante que celle dont on jouit bêtement dans la réalité ? Certes, il ne s'agit pas d'y renoncer : l'art du plaisir exige qu'on aille jusqu'aux « dernières faveurs », sans égard pour « l'honneur, la raison, toutes ces belles chimères » : car

> « *Il faut que tous les plaisirs des sens soient réciproquement mêlés et confondus avec nos âmes, pour qu'elles goûtent les plus délicieux transports.* »

Mais le bonheur, cette « illusion agréable », est un effet de l'imagination bien plus encore que de la possession. Se représenter l'être aimé en son absence est un délice :

> « *C'est dans ces heureux moments que souvent l'illusion m'accorde de plus grands biens que la réalité même[2]!* »

Enfin, La Mettrie nous dit qu'il place les plaisirs de l'esprit au-dessus de ceux du corps. Certes, comme nous le savons, le plaisir est essentiellement physique :

---

1 *L'homme-plante*, Ed. Le corridor bleu, p. 21 et 28.
2. *À Mme la Marquise de****, p. 91 et 87.

> « *[Le plaisir] dépend de la tension et du chatouillement des nerfs. Dans le souverain plaisir, les nerfs sont aussi tendus qu'ils puissent l'être pour ne pas causer de la douleur. Un point forme la barrière qui la sépare du plaisir.* »

Mais la reconnaissance pleine et entière de la corporéité humaine ne doit pas faire oublier la spécificité de l'âme et son rôle dans les opérations de la matière.

> « *Peut-on croire que l'âme, étant un être perpétuellement actif, se pâme ou bâille dans l'acte de génération, à laquelle elle prend part avec tant de sensibilité ? Elle agit donc sur l'œuf maternel, niche du fœtus, aussi bien que sur son propre corps qui, quant à l'homme conduit par son mécanisme et poussé par le ressort du plaisir, s'anime et darde cette liqueur la plus spirituelle de la nature*[1]. »

Il serait donc opportun de distinguer le plaisir et la volupté. La Mettrie rejoint ici l'analyse que fait Aristote sur l'acte de la contemplation, même s'il l'enrôle dans la doctrine sensualiste :

> « *La volupté des sens [...] n'a qu'une seule jouissance qui est tombeau. [...] Que les ressources des plaisirs de l'esprit sont différentes ! Plus on s'approche de la Vérité, plus on la trouve charmante. Non seulement sa jouissance augmente les désirs, mais on jouit ici, dès qu'on cherche à jouir. On jouit longtemps, et cependant plus vite que l'éclair ne parcourt. Faut-il s'étonner si la volupté de l'esprit est aussi supérieure à celle des sens, que l'esprit est au-dessus du corps ? L'esprit n'est-il pas le premier des sens, et comme le rendez-vous de toutes les sensations ? N'y aboutissent-elles pas toutes, comme autant de rayons, à un centre qui les produit*[2] ? »

---

1. *Vénus métaphysique*, p. 344 pour les deux dernières citations.
2. *L'homme-machine*, p. 135.

L'amour, plaisir sublime

L'hymne au plaisir

Pourquoi prendre le ton du mythe pour tracer le tableau de l'amour ? Pourquoi se livrer à de naïves mièvreries ? Pourquoi nommer Hébé, Thémire, Ismène et Isménias les sujets de ses évocations ? Pourquoi, sinon pour mieux suggérer que « toute la Nature est dans un cœur qui sent la volupté[1] ? »

> « *Le plaisir appelle Ismène, il lui tend les bras, il lui montre une chaîne de fleurs. Refusera-t-elle un Dieu jeune, aimable, qui ne veut que sa félicité ? [...] Amour, tant que tu souffriras un reste de raison dans ton empire, tes sujets seront malheureux. Ismène n'est éperdue que parce qu'elle ne l'est pas assez ; son faible cœur ne conçoit pas qu'il s'est donné malgré lui, après n'avoir que trop combattu. [...] Il s'en faut de peu que nos amants ne soient vraiment unis ; ils meurent tour à tour et plus d'une fois, dans les bras l'un de l'autre ; mais plus on sent le plaisir, plus on désire vivement celui qu'on n'a pas[2].* »

Au moment où d'autres devoirs appellent l'amant et où il doit quitter son amante, leurs ardeurs atteignent à l'infini.

> « *Quel redoublement de vivacité dans les caresses de ces tristes amants ! [...] Leurs premiers transports ne sont que feu ; les suivants les surpassent ; ils s'oublient ; leurs corps lubriquement étendus l'un sur l'autre et dans mille postures recherchées s'embrassent, s'entrelacent, s'unissent ; leurs âmes plus étroitement unies s'embrassent alternativement et tout ensemble ; la volupté va les chercher jusqu'aux extrémités d'eux-mêmes ; et non contente des voies ordinaires, elle s'ouvre*

---

1. *L'art de jouir*, p. 332.
2. *Ibid.*, p. 306.

des passages au travers de tous les pores, comme pour se communiquer avec plus d'abondance[1]. »

Pour faire l'éloge du plaisir, La Mettrie emprunte au lyrisme ; mais on ne sait pas s'il peut être tout à fait sérieux en le faisant. Il invoque le plaisir comme s'il invoquait le dieu des dieux, il énumère les plaisirs jusqu'à l'étourdissement, ceux des spectacles, ceux de la table. Ainsi le matérialisme vacille-t-il, pour laisser la place à un enthousiasme, à un culte, à un dithyrambe, une religion du plaisir.

La religion de l'amour

La Mettrie est en cela différent des libertins qui voient entre la religion et l'érotisme une forme de concurrence. Prenons l'exemple de *La femme vertueuse, ou Le débauché converti par l'amour*, de M. l'A.D.L.G. (1787). D'un côté, on y lit : « Ô ciel ! Pourquoi nous permets-tu de brûler d'un feu que tu nous ordonnes d'éteindre ? Anéantis notre amour, ou ne nous en interdis pas l'heureuse ivresse ». Et puis, quand le conflit a disparu, quand l'amour peut atteindre à son objet, il s'épanche en reconnaissant sa dette aux puissances supérieures : « Ô vertu ! Suprême émanation de l'essence divine, c'est à toi que je suis redevable de ma prospérité, de mon délire, de la félicité inconcevable que je goûte[2]. »

Dans cette version des choses, l'homme ou la femme ne saurait vivre légitimement sa vie, le plaisir ne serait que le témoignage d'une faveur exceptionnelle, qui vient de l'au-delà. La Mettrie élève contre ces minauderies une protestation véhémente : le plaisir est, au contraire de ce que l'on croit, le fruit d'une nature qui ne suscite aucunement la transgression. Le plaisir est la preuve que l'humanité peut avoir confiance en elle-même.

C'est pourquoi le plaisir est une expérience qu'il faut partager : « La vue des plaisirs d'autrui nous en donne[3]. »

---

1. *Ibid.*, p. 310.
2. M. l'A.D.L.G., *La femme vertueuse*, Ed. la petite vermillon, p. 179 et 336.
3. *L'art de jouir*, p. 333.

> « *Pour La Mettrie, qui propose une version solaire du libertinage, là où Sade défend une modalité nocturne, autrui existe tellement qu'il n'est pas possible, pour moi, d'avoir du plaisir sans l'autre. Il est partie prenante de ma jubilation*[1]. »

C'est pourquoi La Mettrie fait autant et plus l'éloge de l'amour que du plaisir. Toutes les passions sont éclipsées par la passion d'aimer : « elle leur commande en reine ».

> « *Comment expliquer cette espèce de philtre naturel, qui paraît tenir du miracle ? Par quel prodige laisse-t-il passer l'âme de l'amant, pour recevoir en échange l'âme de l'amante ? [...] Quelle est cette divine, mais trop courte métempsychose de nos âmes et de nos plaisirs*[2]. »

Certes, l'amour est désigné comme le principe le plus sûr du plaisir. Mais l'amour trouble aussi les rapports du plaisir et du bonheur :

> « *Il n'y a point de souverain bien si exquis, que le grand plaisir de l'amour. Plus ce sentiment est durable, délicieux, flatteur, et nullement interrompu et troublé, plus on est heureux. Plus il est court et vif, plus il tient de la nature et du plaisir. Plus il est long et tranquille, plus il s'en éloigne, et s'approche du bonheur*[3]. »

Manger et aimer : de la bouche à la couche

L'homme sensé se fait un bonheur de la volupté qu'il cultive et de la philosophie qu'il aime. Héritiers du matérialisme de La Mettrie, les romanciers du XIXe siècle semblent en accepter les principes, et vouloir en expérimenter et explorer les conséquences. Prendre du plaisir est une mesure d'hygiène, semblent

---

1. Michel Onfray, Préface à *L'art de jouir* de La Mettrie, Ed. Joseph K., p. 13.
2. *La volupté*, p. 93.
3. *Discours sur le bonheur*, p. 239.

constamment nous dire Balzac, Maupassant ou Zola – même s'ils soulignent crûment les dégâts spirituels et physiques du mépris de leurs contemporains pour les exigences de l'esprit. Les romanciers sont portés par leur « imagination physiologique[1] ». Les corps ont leurs besoins, leurs mouvements, ils composent entre les sens une sorte de système – que révèlent les plaisirs. Car la sensualité des plaisirs de la table sont l'occasion, du fait qu'ils sont l'objet de soin et d'attention, d'une humanisation de la vie – et même de la découverte de l'amour. Dans le *Journal des gourmands et des belles* de 1806, Désaugiers proclame que « le ventre est le vaste atelier où s'élaborent tous les ressorts de notre existence[2]. » Prenons l'exemple de *L'ami Fritz*, d'Erckmann-Chatrian (1861). Pour le héros de ce récit de mœurs alsaciennes, Fritz Kobus, rentier de son état, le plaisir par excellence est « de s'attacher gravement la serviette au menton, de plonger la cuiller dans une bonne soupe aux queues d'écrevisse, qui embaume, et de passer les assiettes en disant : "Goûtez-moi cela, mes amis, vous m'en donnerez des nouvelles"[3]. » Son programme de vie est hédoniste ; mais pas de mariage au programme ; toute l'énergie de la vie se consume en agapes généreuses. Mais ce régime changera lorsque Sûzel fait son apparition, une paysanne « appétissante comme une assiette de fraises à la crème » et qui « devine tout ce qui peut [lui] faire plaisir[4] ». Cette fermière qui a le don de la cuisine, qui réveille aussi ses souvenirs d'enfant et son goût pour la musique, lui apparaît comme une véritable bénédiction, de sorte qu'il se décidera à convoler en justes noces.

---

1. Julia Przybos, *Les aventures du corps masculin*, Ed. José Corti, p. 9.
2. Pzrybos, *op. cit.*, p. 189.
3. Erckmann-Chatrian, *L'ami Fritz*, Ed. Grandes œuvres/Hachette, p. 30.
4. Erckmann-Chatrian, *op. cit.*, p. 58.

Pour finir...

Cet éloge constant de l'amour nous permet de comprendre définitivement, par-delà l'argument matérialiste que son expérience de médecin lui permet d'étayer brillamment, que ce qui obsède La Mettrie, c'est la moralité du plaisir, et non sa démesure. La « catalepsie d'amour fuit les débauchés et n'enchaîne que les voluptueux » ; « le voluptueux aime la vie, parce qu'il a le corps sain, l'esprit libre et sans préjugés[1] ».

---

1. *L'art de jouir*, p. 322 et 331.

6 / Sade

ou le plaisir dans le crime

Pour commencer...

L'œuvre de Sade aurait-elle, comme le pensait Baudelaire, la vertu de dévoiler le mal, ce dévoilement se révélant finalement plus thérapeutique que nocif pour la société ?

Dans une de ses notes consacrées aux *Liaisons dangereuses*, Baudelaire fait l'éloge du libertinage sadien qu'il considère comme plus moral que l'état d'esprit bourgeois et hypocrite de son propre siècle :

> « *La Révolution a été faite par des voluptueux. [...] Est-ce que la morale s'est [aujourd'hui] relevée ? non c'est que l'énergie du mal a baissé. [...] La fouterie et la gloire de la fouterie étaient-elles plus immorales que cette manière moderne d'adorer et de mêler le saint et le profane ?*
>
> *On se donnait alors beaucoup de mal pour ce qu'on avouait être une bagatelle, et on ne se damnait pas plus qu'aujourd'hui. [...] En réalité, le satanisme a gagné, Satan s'est fait ingénu. Le mal se connaissant était moins affreux et plus près de la guérison que le mal s'ignorant. G. Sand inférieure à Sade*[1] ».

Et il écrit ailleurs :

> « *Il faut toujours en revenir à Sade, c'est-à-dire à l'homme naturel, pour expliquer le mal*[2]. »

La vie de Sade est plus marquée par le crime et le châtiment que par le plaisir. Donatien Alphonse François, dit marquis de Sade, est né le 2 juin 1740 dans une famille de haute noblesse provençale. Son père, le comte de Sade, quitte la Provence pour s'aventurer à la Cour, où il s'illustre par ses conquêtes amoureuses et une vie de libertinage. Après des études chez les Pères Jésuites,

---

1. Baudelaire, *L'Art romantique*, Ed. Gallimard, coll. « Bibliothèque de la Pléiade », œuvres complètes, éd. 1951, pp. 988-989.
2. *Ibid, Fragments divers, op. cit.*, p. 1271.

le jeune Sade s'engage dans les armées royales où il se comporte courageusement, mais mène une vie de débauché. Son mariage avec Pélagie de Montreuil en 1763 n'arrangera rien. En effet, les adultères, les crimes se mêlent aux blasphèmes et aux menaces de mort. Dès l'année de son mariage, et dans trois affaires distinctes (1763, 1768, 1772), il enlève, séquestre, viole, menace de mort, blesse à coups de canif, fouette, drogue à la cantharide et sodomise plusieurs jeunes femmes, le tout accompagné de divers actes blasphématoires et bris de crucifix. La famille tente d'abord d'étouffer ces scandales et de le préserver, mais sa belle-mère finit par le faire enfermer. Il est incarcéré à Vincennes sur lettre de cachet, puis à la Bastille d'où il sort dix jours avant la Révolution pour être transféré à Charenton. Il est libéré en 1790 à l'âge de cinquante ans. C'est dans sa prison de la Bastille qu'il écrit *Les Cent Vingt journées de Sodome* ainsi que *Justine ou les malheurs de la vertu* qui seront publiés en 1791 après sa libération. Lorsqu'on le transfère de la Bastille à Charenton, il est obligé de laisser le manuscrit ainsi que tous ses effets personnels et sa bibliothèque de six cents volumes – il en versera, dit-il, « des larmes de sang ». La Révolution française le voit devenir un parfait républicain mais n'arrête pas pour autant ses ennuis : son zèle anti-religieux le rend suspect aux yeux de Robespierre qui le fait à nouveau incarcérer, et il échappe de peu à la guillotine. À nouveau libéré à la chute de Robespierre, Sade publie alors de nombreux romans pornographiques dont *Aline et Valcour* en 1795 puis *La Philosophie dans le boudoir* en 1795. Jugé pour obscénité, délire du vice et pornographie, Sade est à nouveau incarcéré en 1801 dans différents établissements, dont Bicêtre, puis la famille demande à nouveau son internement à Charenton, qui est un asile pour les fous. Sade y bénéficiera d'une certaine liberté, y organisant des fêtes, mettant en scène des pièces de théâtre dans lesquelles il assouvit son goût pour le spectacle qu'il avait découvert chez les Jésuites. Et c'est à Charenton qu'il meurt en 1814.

Sade a donc passé en tout vingt-sept années de sa vie en prison. Dans cette vie marquée par l'incarcération, Sade se plonge dans les délices de l'écriture et de l'imagination : y aurait-il eu Sade sans la Bastille ?

Sade avant Sade : le libertin

Une figure du plaisir à l'époque des Lumières : l'aristocrate libertin

On ne saurait comprendre l'œuvre de Sade sans la replacer dans le contexte de libération des corps, des mœurs et de la pensée que furent les Lumières. S'y développe un art de cultiver tous les plaisirs que Michel Delon évoque dans son ouvrage Le *savoir-vivre libertin*[1]. Le libertin est celui qui met sa vie – et celle des autres – au service de son plaisir. Cette vie libertine concerne tous les aspects de la sensualité et M. Delon évoque une « fête des cinq sens » : la vue est sollicitée par des intérieurs luxueux aménagés en lieux de plaisir, et la gourmandise, encouragée par des festins extraordinaires, sert d'apéritifs à d'autres débordements des sens, comme c'est le cas dans *Les Cent Vingt journées de Sodome*. Voici l'avertissement que le narrateur lance au lecteur au début de ce dernier ouvrage :

> « *C'est ici l'histoire d'un magnifique repas où six cents plats divers s'offrent à ton appétit. Les manges-tu tous ? Non, sans doute, mais ce nombre prodigieux étend les bornes de ton choix, et, ravie de cette augmentation de tes facultés, tu ne t'avises pas de gronder l'amphitryon qui te régale. Fais de même ici : choisis et laisse le reste, sans déclamer contre ce reste, uniquement parce qu'il n'a pas le talent de te plaire*[2]. »

Le « bon plaisir » du souverain

Le libertinage de mœurs ouvre le siècle avec la mort de Louis XIV suivie des débauches du Régent, Philippe d'Orléans. « La dissipation, le bruit, la débauche lui étaient nécessaires[3] » : dans

---

1. M. Delon, *Le savoir-vivre libertin*, Hachette littératures, coll. « Pluriel », Paris, 2000.
2. Sade, *Œuvres*, tome II, Ed. Gallimard, coll. « Bibliothèque de la Pléiade », Paris, p. 862.
3. *Mémoires secrets sur le règne de Louis XIV, la Régence et le règne de Louis XV*, cité par P. Wald Lasowski, *Le Grand dérèglement : le roman libertin du xviiie siècle*, L'Infini, Gallimard, Paris, 2008, p. 34.

les *Mémoires* de Saint-Simon ou les *Mémoires secrets sur le règne de Louis XIV, la Régence et le règne de Louis XV*, on lit le récit de ces soupers fins qui se terminent en orgies. Louis XV lui emboîtera le pas, et le libertinage apparaît non seulement comme la culture du plaisir mais comme le renversement de toutes les valeurs qui étaient celles du Grand Siècle.

La Régence, l'écrin où vient s'épanouir la culture du plaisir

La Régence (1715-1723) est le mythe d'origine des Lumières : « Bientôt, la fureur du jeu, la passion du théâtre, les spectacles aux flambeaux, l'Opéra plein de faste, la foire qui bat son plein, les filles du monde croqueuses de diamants, les parties secrètes, les petites-maisons, le luxe des équipages, la collaboration des peintres, écrivains, musiciens, décorateurs au service des voluptés, la magnificence de la débauche aux trois jours des Ténèbres, la nouvelle cuisine, la nouvelle philosophie, les romans nouveaux, l'art de la toilette, la poudre, les mouches, les perruques, les laques, les vernis et les nœuds participent à la création d'un nouveau lien social, qui expose le libertinage comme le trait fulgurant d'une culture du plaisir et de l'ironie[1]. »

Non seulement Louis XV n'hésite pas à avoir de nombreuses maîtresses, mais il fait recruter des filles du peuple de plus en plus jeunes par des « rabatteurs » chargés de veiller à ce que le monarque ne soit jamais sans plaisir. On comprend mieux à ce compte qu'Alphonse François ait eu la fantaisie de se faire appeler Louis. Le monarque, « souverain » de ses plaisirs et dont on doit satisfaire le « bon plaisir », peut servir de modèle à celui qui, avant de se proclamer républicain, se comportera face à ses victimes, choisies dans les milieux populaires, comme un grand féodal, conformément à ses origines. Comme l'écrit Michel Delon, « le

---

1. P. Wald Lasowski, *op. cit.*, p. 34.

libertinage peut apparaître comme une forme de revendication[1] »
de la part de la noblesse, en un siècle où celle-ci commence à être
mise en question.

Le roué

Le libertin est aussi celui « qui mène une vie déréglée[2] ». Le
libertinage mène à des conduites déviantes, voire violentes,
cruelles, donc répréhensibles et condamnables par la justice : le
Dictionnaire de l'Académie de 1798 précise : « Déréglé dans ses
mœurs et dans sa conduite ». Le marquis de Sade doit beaucoup
à cette figure du libertin dont le dérèglement des mœurs et la
débauche sont la règle. Il avait d'ailleurs pour cela le modèle de
son propre père qui recrutait pour son compte dans les jardins
du Palais Royal. L'honnête homme, modèle du XVIIe siècle, est
remplacé par le « roué » (c'est-à-dire celui qui, à cause de ses
crimes, subira le supplice de la roue), qui devient le modèle des
« affranchis » des salons du XVIIIe siècle et vient jusque dans
Versailles commettre ses méfaits.

De très nombreuses affaires à scandale émaillent les gazettes et
les rapports de police : les nobles s'affranchissent des interdits
religieux et usent de leurs pouvoirs pour abuser de pauvres filles
qui n'ont pour tout bien que leur corps. Les femmes se font violer
tant dans les milieux populaires qu'à Versailles où elles sont
souvent aussi violentées. La fièvre du papier monnaie inventé par
Law participe à la dépravation du siècle, et la fluidité des échanges,
la circulation des biens et des espèces font entrer le siècle dans
l'économie moderne, mais bouleversent aussi totalement les
valeurs.

> « [Law] a complètement dépravé les imaginations. La
> révolution subite qui se fit dans les fortunes fut pareille
> dans les têtes. Le déluge de billets de banque dont Paris
> fut inondé et qu'on se procurait par toutes sortes de

---

1. M. Delon, *op. cit.*, 58.
2. *Dictionnaire critique de la langue française* par l'abbé Féraud, 1787.

*moyens excita dans tous les esprits le désir de participer à
ces richesses de fiction. C'était une frénésie[1]. »*

Le philosophe nouveau, autre figure du libertin

Le terme de « libertin » peut enfin s'appliquer au philosophe : le
Dictionnaire de l'Académie de 1718 rappelle que le terme désigne
parfois « un homme qui par libertinage d'esprit se met au-dessus
des devoirs et des obligations ordinaires de la vie civile et
chrétienne ». Il est courant de voir les ouvrages philosophiques
accusés d'incitation à la débauche, à l'immoralité, à l'impiété, voire
au crime. C'est que la libération des esprits du joug de la religion et
des superstitions s'accompagne de la libération des corps et de la
quête du plaisir. Le roman, fût-il philosophique, et fût-il écrit par
Voltaire, aime à proposer des scènes dans lesquelles les corps se
donnent ou se refusent : pensons à certaines scènes fort célèbres
de *L'Ingénu* (1767) ou à l'ouverture de *Candide* (1759)[2].

Or l'inverse est aussi vrai, et l'on trouve souvent une dimension
didactique dans les romans libertins. Il s'agit d'initier les jeunes
gens — et surtout les jeunes filles — non seulement à un nouvel
« art d'aimer », celui de jouir, mais aussi à une nouvelle morale,
fondés tous deux sur la raison et non plus sur la religion. Cet
entrelacement entre le discours du philosophe et celui du
libertin est tel dans le monde de la librairie que l'on appelle
ouvrages philosophiques les romans obscènes et licencieux, soit par
euphémisme, soit par antiphrase. Ce brouillage des frontières
entre les deux types d'écrits est manifeste dans les romans de
Sade dès leurs titres : *Aline et Valcour ou le Roman philosophique*
(1795), *La philosophie dans le boudoir ou Les Instituteurs immoraux*

---

1. P. Wald Lasowski, *op. cit.*, p. 37.
2. On pense au chapitre VI dans lequel l'Ingénu veut « faire mariage » avec
Mademoiselle de Saint-Yves, puis au chapitre dans lequel l'héroïne est la victime de la lubricité de Monsieur de Saint-Pouange, autre exemple de cette
noblesse dépravée. Rappelons que Voltaire situe l'action de *L'Ingénu* sous
le règne de Louis XV. Et l'on renvoie au chapitre I de *Candide* dans lequel la
jeune Cunégonde est initiée à la sexualité : « Un jour Cunégonde, en se pro-
menant auprès du château, [...] vit entre les broussailles le docteur Pangloss
qui donnait une leçon de physique expérimentale à la femme de chambre
de sa mère, petite brune très jolie et très docile. Comme Mlle Cunégonde
avait beaucoup de dispositions pour les sciences, elle observa, sans souffler,
les expériences réitérées dont elle fut le témoin [ ] ».

(1795). Sade dédie ce dernier ouvrage aux libertins et le destine à l'éducation des jeunes demoiselles. Il est ajouté — ironie terrible quand on lit la fin — sur la page de couverture de la première édition : « La mère en prescrira la lecture à sa fille[1]. »

Aux libertins

« Voluptueux de tous les âges et de tous les sexes, c'est à vous seuls que j'offre cet ouvrage : nourrissez-vous de ses principes, ils favorisent vos passions, et ces passions, dont de froids et plats moralistes vous effraient, ne sont que les moyens que la nature emploie pour faire parvenir l'homme aux vues qu'elle a sur lui ; n'écoutez que ces passions délicieuses ; leur organe est le seul qui doive vous conduire au bonheur.

Femmes lubriques, que la voluptueuse Saint-Ange soit votre modèle ; méprisez à, son exemple, tout ce qui contrarie les lois divines du plaisir qui l'enchaînèrent toute sa vie.

Jeunes filles trop longtemps contenues dans les liens absurdes et dangereux d'une vertu fantastique et d'une religion dégoûtante, imitez l'ardente Eugénie ; détruisez, foulez aux pieds, avec autant de rapidité qu'elle, tous les préceptes ridicules inculqués par d'imbéciles parents.

Et vous, aimables débauchés, vous qui, depuis votre jeunesse, n'avez plus d'autres freins que vos désirs et d'autres lois que vos caprices, que le cynique Dolmancé vous serve d'exemple ; allez aussi loin que lui, si, comme lui, vous voulez parcourir toutes les routes de fleurs que la lubricité vous prépare ; convainquez-vous à son école

---

1. L'ironie sadienne est ici double : elle s'organise autour du plaisir de jouer avec le signifiant, jeu qui est, en lui-même, retournement de valeurs. Car Sade s'est inspiré d'une phrase tirée d'un ouvrage licencieux anonyme, *Les Fureurs utérines de Marie-Antoinette,* qui affichait sur sa couverture : « La mère en proscrira la lecture à sa fille » (Rodrigo Toscano, « Lacan avec Sade : objet *a* et jouissances sadique et masochiste », *Essaim* n° 22, 2009, p. 82. Ce « détail », le passage du « o » au « e », prouve que le signifiant est le corps même de la transgression chez Sade.

que ce n'est qu'en étendant la sphère de ses goûts et de ses fantaisies, que ce n'est qu'en sacrifiant tout à la volupté, que le malheureux individu connu sous le nom d'homme, et jeté malgré lui sur ce triste univers, peut réussir à semer quelques roses sur les épines de sa vie[1]. »
Il faut ici se remettre en mémoire la mode des « avertissements au lecteur » que les auteurs du XVIIIᵉ inscrivaient au début de leurs romans pour mettre en garde le public contre les effets néfastes que ne manqueraient pas de produire les actions immorales de leurs personnages. Voici par exemple l'extrait de la préface du rédacteur qui précède les *Liaisons dangereuses* de Laclos: l'auteur y évoque les bienfaits moraux de cet ouvrage « L'utilité de l'Ouvrage, qui peut-être sera encore plus contestée, me paraît pourtant plus facile à établir. Il me semble au moins que c'est rendre un service aux mœurs, que de dévoiler les moyens qu'emploient ceux qui en ont de mauvaises pour corrompre ceux qui en ont de bonnes, et je crois que ces Lettres pourront concourir efficacement à ce but [...] L'époque où [cette lecture] peut cesser d'être dangereuse et devenir utile me paraît avoir été bien saisie, pour son sexe, par une bonne mère qui non seulement a de l'esprit, mais qui a du bon esprit. "Je croirais", me disait-elle, [...] "rendre un vrai service à ma fille, en lui donnant ce Livre le jour de son mariage". Si toutes les mères de famille en pensent ainsi, je me féliciterai éternellement de l'avoir publié[2]. »
Ce dispositif, qui prétend justifier la publication de lettres « authentiques » que l'auteur a simplement recueillies et arrangées, mine les prétendues mises en garde qu'il énonce.
Sade reprend manifestement cette même posture, mais à contre-pied tout en montrant à quel point les précautions de Laclos sont hypocrites.

1. D. A. F. de Sade, *La Philosophie dans le boudoir,* Gallimard, coll. « Folio », pp. 37-38.
2. Ch. de Laclos, *Les Liaisons dangereuses*, Folio, p. 29-30.

Le brouillage entre l'écrit licencieux et le discours philosophique structure le roman sadien puisque l'auteur ponctue les longues séances d'initiation sexuelle par des digressions « philosophiques » qui doivent parfaire l'éducation des jeunes héroïnes en même temps que celle de ses lecteurs : ainsi les différentes « figures » − presque au sens rhétorique du terme − érotiques sont-elles « illustrées » par des leçons intellectuelles et morales destinées à Eugénie dans *La Philosophie dans le boudoir*. C'est ainsi que l'on trouve au cœur du Cinquième dialogue la fameuse digression « Français, encore un effort si vous voulez être républicains[1] » qui est lue par le Chevalier « qui possède[s] un bel organe[2] ».

Sade : l'illimité de la fête

Quelle est donc la spécificité du plaisir chez Sade et pourquoi son œuvre a-t-elle fait scandale plus que les autres ? S'agit-il d'un saut quantitatif ou qualitatif ? Qu'est-ce qui fait perdre au libertinage chez Sade son « savoir-vivre » pour le faire basculer dans le crime ?

L'orgie et la débauche

L'économie sadienne du plaisir se vit dans l'excès, la saturation, la dépense. Tandis que l'économie et la morale capitalistes de l'ère bourgeoise incitent au travail, à la production rationnelle des biens, à l'accumulation des richesses et à une vie parcimonieuse en matière de plaisirs, la fiction sadienne offre une vie saturée en plaisirs, dont l'orgie apparaît comme le symbole. L'équivalence entre les plaisirs de la table et les plaisirs sexuels est sans cesse affirmée. Les libertins sadiens jouissent en même temps qu'ils mangent ou festoient et il n'est pas de roman sans orgie.

---

1. *D.A.F. de Sade, op. cit.*, pp. 187-252. Sade a probablement ajouté ce discours entre 1794 et 1795, longtemps après la rédaction du roman, qui, lui, a été écrit entre 1782 et 1789.
2. *Ibid.*, p. 185. Le « bel organe » désigne ici la voix du Chevalier. Mais, vu le contexte, il peut aussi désigner une autre partie de son anatomie. L'équivoque est un beau trait d'humour. Autre exemple que l'érotique passe avant tout par le signifiant.

> *« Après les plaisirs de la luxure, il n'en est pas de plus*
> *divins que ceux de la table. [...] Ils se prêtent si bien des*
> *forces l'un l'autre, qu'il est impossible aux sectateurs des*
> *premiers de ne pas adorer les seconds[1]. »*

Ces deux jouissances sont à égalité dans la classification sadienne des plaisirs. À la fin du Septième dialogue de *La Philosophie dans le boudoir*, les héros commettent leur pire forfait, coudre le sexe de Madame de Mistival après lui avoir instillé la vérole, et Dolmancé s'écrie à la fin de l'ouvrage en guise de *da capo* :

> *« Pour nous mes amis allons nous mettre à table et, de là,*
> *tous quatre dans le même lit. Voilà une bonne journée ! Je*
> *ne mange jamais mieux, je ne dors jamais plus en paix*
> *que quand je me suis suffisamment souillé dans le jour*
> *de ce que les sots appellent des crimes[2]. »*

Le corps sadien

Il ne s'offre jamais seul. D'emblée en action, il forme avec un ou plusieurs autres corps des figures, des tableaux, des compositions où les postures et les combinatoires se font et se défont au gré des fantaisies et des partenaires avec une précision à la fois géométrique et chorégraphique : on sait le goût de Sade pour le théâtre et le spectacle en général. D'où l'importance de l'hypotypose[3] dans son œuvre : la mise en scène – érotique et cruelle – prend d'abord sa force d'être issue d'un fantasme puis offerte en spectacle au lecteur. Tour à tour voyeurs et acteurs, les

---

1. Sade, *Œuvres*, Gallimard, coll. « Bibliothèque de la Pléiade », tome II, p. 862.
2. *La Philosophie dans le boudoir, op. cit.*, p. 287.
3. L'hypotypose est une figure de style qui consiste à peindre « les choses d'une manière si vive et si énergique, qu'elle les met en quelque sorte sous les yeux » et « fait d'un récit ou d'une description, une image, un tableau, ou même une scène vivante ». Définition de Fontanier, citée dans *Gradus, Les Procédés littéraires*, 10/18, 1984, p. 240. Le même ouvrage rappelle que l'hypotypose est souvent la marque des expériences hallucinatoires. On peut rapporter la forte présence de l'hypotypose chez Sade au fait que la plupart de ses œuvres ont été écrites en prison. Elles sont le développement d'une activité fantasmatique intense et nécessaire à sa survie pour le prisonnier isolé de la réalité dans son cachot à la Bastille.

héros s'échauffent au spectacle des corps en proie au désir, au plaisir et à la souffrance.

Le héros sadien est peu décrit et, s'il l'est, c'est pour satisfaire aux codes romanesques et devenir d'emblée un être fantasmatique, propre à échauffer les sens de ses partenaires. Le portrait physique de Dolmancé dans *La Philosophie dans le boudoir* est esquissé en quelques lignes par le Chevalier, alors que les vigueurs de son anatomie et ses prouesses sexuelles sont longuement détaillées à Mme de Saint-Ange[1].

Le corps est morcelé chez Sade : il n'est pas vanté pour sa silhouette ou la beauté de sa carnation et il n'a pas de visage. Il n'y a pas d'érotique du toucher : la peau n'existe pas sauf à être trouée, perforée à l'aide de multiples instruments. Pas de limite ni de préliminaire : le corps est d'emblée ouvert, exploré, sondé, fouillé, forcé ; l'effraction est le mode d'accès privilégié au plaisir. La cartographie du corps sadien se définit donc à partir des orifices, « organes » de tous les plaisirs : bouche, sexe, anus sont interchangeables et doivent être remplis pour procurer la jouissance ou se vider pour pouvoir à nouveau se remplir. Sade formule dans *Juliette ou les prospérités du vice* (1799) le principe ou la loi dont il fait le mode d'approche de l'autre dans son système :

> « *Prêtez-moi la partie de votre corps qui peut me satisfaire un instant, et jouissez, si cela vous plaît, de celle du mien qui peut vous être agréable*[2]. »

Le corps sadien ignore la chronologie des pulsions freudiennes : tour à tour ou en même temps accaparé par le plaisir oral, anal, ou phallique, il ne sait renoncer à rien, il jouit de tout ; c'est un pervers polymorphe comme l'est le petit enfant selon Freud. Homosexualité et hétérosexualité sont interchangeables, la préférence sexuelle n'existe pas : tantôt la femme peut adopter une conduite masculine ou l'homme une posture féminine. Le corps sadien ignore avec superbe la différence des sexes

---

1. *Op. cit.*, pp. 41-44.
2. Cité par Lacan in *Séminaire Livre VII, L'Éthique*, Ed. Seuil, p. 237.

comme il ignore les limites en général et en tout premier lieu celle de la castration. L'expérience sadienne est une tension vers l'illimitation de la jouissance qui nécessite des transformations corporelles : le corps doit être travaillé, c'est-à-dire torturé. Et en un sens, rien de moins naturel et de plus artificiel que le corps sadien : objet d'une *technè*, comme Justine subissant le supplice de la roue dans *Justine ou les Malheurs de la vertu* (1791), le corps devient un artefact.

Les expérimentations d'une artiste comme ORLAN[1] sur son propre corps peuvent peut-être nous donner une idée du corps sadien : le fantasme de l'artiste de s'engendrer lui-même – et donc de nier la nature – se rapproche de l'*hubris* du héros sadien qui veut s'égaler à Dieu et devenir sa propre « créature ».

Le Corps sans organe

Avec Sade, on est déjà en marche vers le « corps sans organe », formulé CsO, prôné par Deleuze et Guattari dans *Mille Plateaux,* le deuxième volet de *L'Anti-Œdipe* (1972). Au travers de la lecture d'Artaud et de William Burroughs, Deleuze et Guattari voient en marche le processus de la désintégration des organes, ceux-ci limitant l'usage du corps. « Le 28 novembre 1947, Antonin Artaud déclare la guerre aux organes : "[...] car liez-moi si vous voulez, mais il n'y a rien de plus inutile qu'un organe". [...] Le CsO : il est déjà en route dès que le corps en a assez des organes, et veut les déposer, ou bien les perd[2] [...] »

Le corps se désintègre, se multiplie, se déforme et se reforme au gré de ce que la psychiatrie appelle des pathologies : le corps hypocondriaque, le corps paranoïaque, le corps schizo, le corps drogué. Ces corps

---

1. ORLAN – en majuscules – est une artiste plasticienne née en France en 1947. Pour avoir un aperçu des créations d'Orlan, on peut voir son site officiel orlan.eu : ce sont des expériences de défiguration, d'hybridation, de transformation du corps et du visage de l'artiste par une succession d'opérations chirurgicales qu'elle met elle-même en scène dans de nombreuses performances.
2. *Mille Plateaux,* Minuit, 1980, p. 186.

expérimentaux sont habituellement censurés, délimités, figés, étiquetés par le discours psychiatrique, mais différentes expériences d'illimitation sont facilitées par la psychose ou la drogue. Voici l'appel au *CsO* que propose l'écrivain américain William S. Burroughs (1914-1997) dans *Le Festin nu*, cité par Deleuze et Guattari :

« L'organisme humain est d'une inefficacité scandaleuse ; au lieu d'une bouche et d'un anus qui risquent tous deux de se détraquer, pourquoi n'aurait-on pas un seul orifice polyvalent pour l'alimentation et la défécation ? On pourrait murer la bouche et le nez, combler l'estomac et creuser un trou d'aération directement dans les poumons, ce qui aurait dû être fait dès l'origine[1]. »

Cet appel à la transformation du corps humain rappelle les expérimentations sadiennes, notamment à la fin de *La Philosophie dans le boudoir*.

De même le corps masochiste relève lui-aussi du Corps sans organe : « on le comprend mal à partir de la douleur, c'est d'abord une affaire de CsO [...] : si le masochiste se fait coudre les yeux, l'anus, l'urètre, les seins, le nez [...], c'est pour arrêter l'exercice des organes[2]. »

Le discours de Deleuze et Guattari dans cet ouvrage s'inscrit essentiellement comme une entreprise de déconstruction et de critique structurale de la psychanalyse (comme l'indique le titre de l'ouvrage *princeps, L'Anti-Œdipe*) : centrant tout sur l'identité, le moi et l'Œdipe, l'invention freudienne est une entreprise bourgeoise qui fige les individus et les rend récupérables par le capitalisme et la productivité : « Là où la psychanalyse dit : Arrêtez, retrouvez votre moi, il faudrait dire : Allons encore plus loin, nous n'avons pas encore trouvé notre CsO, pas assez défait notre moi. [...] Trouvez votre corps sans organe, sachez le faire, c'est question de vie ou de mort, de jeunesse et

---

1. *Le Festin nu*, Gallimard, p. 46, cité par Deleuze et Guattari, *ibid.*
2. *Mille plateaux, op. cit.*, pp. 186-187.

de vieillesse, de tristesse et de gaieté. Et c'est là que tout se joue[1]. »

Le principe de la gradation

Sade et les libertins demandent que les scénarios de leur plaisir soient arrangés selon un raffinement qualitatif et quantitatif croissant. C'est le principe essentiel de toute œuvre sadienne qui obéit à cette construction progressive et mathématique comme dans *Les Cent Vingt journées de Sodome*. L'éducation de l'ingénue, en bonne pédagogie, est fondée sur le principe de la progressivité. On peut en prendre pour exemple la taille croissante des sexes masculins dans les différentes « interventions » qui doivent faire l'éducation d'Eugénie dans *La Philosophie dans le boudoir*. « La gradation des sexes est le signe de l'accroissement du délire[2]. » C'est pourquoi Eugénie ne sera dépucelée qu'au Cinquième dialogue après avoir été initiée d'abord à la sodomie et aux plaisirs saphiques.

Ce principe de la gradation concerne aussi la méticuleuse classification des crimes proposée dans le follicule « Français, encore un effort... » : impiété, sacrilège, blasphème et athéisme sont des crimes mineurs ; viennent ensuite la calomnie, le vol, l'impureté et le meurtre ; puis les « crimes moraux », la prostitution, l'adultère, l'inceste, le viol et la sodomie[3]. Sade, en parfait juriste, expose la gravité des crimes, se faisant réformateur du code pénal de l'Ancien Régime. Les sens s'émoussant au fur et à mesure de l'initiation, la quête du plaisir s'ordonne nécessairement selon le principe de la surenchère et de l'accroissement de l'excitation. Il ne s'agit donc pas seulement d'un principe de bonne pédagogie, mais bien d'une vérité d'ordre physiologique sur le fonctionnement du plaisir, comme le rappelle Freud dans *Malaise dans la civilisation* :

> « *Ce qu'on nomme bonheur, au sens le plus strict, résulte d'une satisfaction plutôt soudaine de besoins ayant atteint une haute tension, et n'est possible de par sa*

---

1. *Ibid.*, p. 187.
2. Y. Belaval, préface de *La Philosophie dans le boudoir, op. cit.*, p. 12.
3. *La Philosophie dans le boudoir, op. cit.*, pp. 205-232.

nature que sous forme de phénomène épisodique. Toute persistance d'une situation qu'a fait désirer le principe de plaisir n'engendre qu'un bien-être assez tiède ; nous sommes ainsi faits que seul le contraste est capable de nous dispenser une jouissance intense, alors que l'état lui-même ne nous en procure que très peu[1]. »

C'est en vertu de ce principe de gradation que le héros sadien, à la recherche de plaisirs durables, les recherchera dans la douleur et dans le crime, qui procurent des plaisirs moins éphémères[2].

Le vrai plaisir est dans la douleur

Sade physiologiste du plaisir

Sade analyse, comme le fera plus tard Freud, les liens étroits entre le plaisir et la douleur.

La douleur est le plus sûr moyen d'accéder au plaisir de façon réelle et durable, écrit-il dans *La Philosophie dans le boudoir*. Dolmancé, l'un des instituteurs immoraux, produit une argumentation très digne d'un libertin : il faut privilégier son propre plaisir à celui de l'autre, et donc la douleur que l'on inflige à autrui n'est rien, comparée au plaisir qu'elle peut procurer à celui qui l'inflige.

La « Leçon » donnée à Eugénie par Dolmancé[3]

« Nous voulons être émus [...] c'est le but de tout homme qui se livre à la volupté, et nous voulons l'être par les moyens les plus actifs. En partant de ce point, il ne s'agit pas de savoir si nos procédés plairont ou déplairont à l'objet qui nous sert, il s'agit seulement d'ébranler la

1. S. Freud (1929), *Malaise dans la civilisation*, PUF, 1971, rééd. 1983, tr. Ch. et J. Odier, p. 20.
2. On se reportera par ailleurs à la classification des crimes proposée par Sade dans « Français, encore un effort si vous voulez être républicains », p. 205 de *La Philosophie dans le boudoir. Cf. infra*.
3. « Leçon » donnée à Eugénie par Dolmancé dans le Troisième Dialogue, s'appuyant sur l'usage des libertins (« les coquins »).

masse de nos nerfs par le choc le plus violent possible : or il n'est pas douteux que la douleur affectant bien plus vivement que le plaisir, les chocs résultatifs sur nous de cette sensation produite sur les autres seront essentiellement d'une vibration plus vigoureuse [...] embraseront aussitôt les organes de la volupté et les disposeront au plaisir. Les effets du plaisir sont toujours trompeurs chez les femmes [...]. Il faut donc préférer la douleur, dont les effets ne peuvent tromper et dont les vibrations sont plus actives. Mais, objecte-t-on aux hommes entichés de cette manie, cette douleur afflige le prochain ; est-il charitable de faire du mal aux autres pour se délecter soi-même ? Les coquins vous répondent à cela qu'accoutumés, dans l'acte du plaisir, à se compter pour tout et les autres pour rien, ils sont persuadés qu'il est tout simple, d'après les impulsions de la nature, de préférer ce qu'ils sentent à ce qu'ils ne sentent point. Que nous font, osent-ils dire, les douleurs occasionnées sur le prochain ? Les ressentons-nous ? Non ; au contraire, nous venons de démontrer que de leur production résulte une sensation délicieuse pour nous. À quel titre ménagerions-nous donc un individu qui ne nous touche en rien ? À quel titre lui éviterions-nous une douleur qui ne nous coûtera jamais une larme, quand il est certain que de cette douleur va naître un très grand plaisir pour nous[1] ? »

En lisant cet argumentaire de Dolmancé adressé à l'ingénue Eugénie, on ne peut à nouveau s'empêcher de penser à la Marquise de Merteuil et au vicomte de Valmont dans *Les Liaisons dangereuses* qui préfèreront toujours leur plaisir à la douleur d'autrui ou plutôt qui organisent celui-là autour du supplice qu'ils infligent à leurs victimes. Le discours sadien porte à incandescence la cruauté déjà explicite du discours du libertin pour lequel la douleur d'autrui ne vaut rien. Pour s'en

---

1. *La Philosophie dans le boudoir, op. cit.*, p. 128.

persuader, il suffit de lire les échanges entre Valmont et Merteuil à propos de Madame de Tourvel, que Valmont a séduite puis abandonnée pour reconquérir Madame de Merteuil (lettres 124, 125, 141, 142 et 143).

Cette leçon sur la douleur sera de peu de secours à Eugénie lorsque viendra l'heure de son dépucelage par le Chevalier que l'on a fait venir exprès pour cela et qui doit s'exécuter, pressé par Mme de Saint-Ange. Eugénie, victime de ses initiateurs, occupe ainsi d'abord la place du masochisme au féminin avant d'occuper à la fin du roman celle du sadisme, lorsqu'elle mutilera sa mère, Mme de Mistival.

« *Mme de Saint-Ange: Allons donc, Chevalier! mais ménage-la: regarde la petitesse du détroit que tu vas enfiler: est-il quelque proportion entre le contenu et le contenant?*

Eugénie: Oh! j'en mourrai, cela est inévitable... Mais le désir ardent que j'ai d'être foutue me fait tout hasarder sans rien craindre... Va, pénètre, mon cher, je m'abandonne à toi.

Le Chevalier: [...] Oui foutre! il faut qu'il y pénètre... Ah! sacredieu! quelle entreprise! Oui, oui, dût-elle en être pourfendue, déchirée, il faut, doubledieu, qu'elle y passe!

Eugénie: Doucement, doucement, je n'y puis tenir... (Elle crie; les pleurs coulent sur ses joues...) À mon secours! ma bonne amie... (Elle se débat.) Non, je ne veux pas qu'il entre!... je crie au meurtre, si vous persistez!...

Le Chevalier: Crie tant que tu voudras, petite coquine, je te dis qu'il faut qu'il entre, en dusses-tu crever mille fois!

Eugénie: Quelle barbarie!

Dolmancé : Ah ! foutre ! est-on délicat quand on bande ?

Le Chevalier : Tenez-la ; il y est ! Il y est, sacredieu ! ... Foutre ! voilà le pucelage du diable... Regardez son sang comme il coule !

Eugénie : Va, tigre !, ...va déchire-moi si tu veux, maintenant, je m'en moque ! ... baise-moi, bourreau, baise-moi, je t'adore ! ... Ah ! ce n'est plus rien quand il est dedans : toutes les douleurs sont oubliées [...] Ah ! la douleur cède au plaisir... je suis prête à m'évanouir[1]... »

Le masochiste : l'envers ou l'endroit du héros sadien ?

Freud s'attaquant au problème du masochisme érogène et moral dans son article « Le problème économique du masochisme » (1924) pose que

> *« La douleur et le déplaisir ne sont pas des buts, pas plus que des avertissements, mais des moyens d'atteindre un but qui est toujours de fournir sa composante à l'excitation de la pulsion sexuelle[2]. »*

En effet, la douleur est l'un des processus internes qui contribuent à l'excitation sexuelle « dès que leur intensité a dépassé certaines limites quantitatives[3] ». Dans un article consacré à un cas clinique de masochisme, Michel de M'Uzan souligne après Freud le rôle érogène essentiel de la douleur dans le masochisme :

> *« [...] la douleur assume une double fonction : d'une part elle catalyserait l'excitation sexuelle, d'autre part elle l'amplifierait et la porterait à son acmé tout en perdant elle-même sa spécificité[4]. »*

---

1. *Ibid.*, pp. 181-182.
2. S. Freud, *Névrose, Psychose et Perversion*, PUF, 1973, p. 290.
3. *Idem.*
4. « Un cas de masochisme pervers », *De l'Art à la mort*, Gallimard, coll. « Tel », p. 133.

On peut penser au départ que le sujet masochiste est aux antipodes du héros sadien : si celui-ci se place en position de toute-puissance, le masochiste abolit en lui toute volonté et, renonçant à tout pouvoir, se soumet à l'autre dont il devient l'objet. Mais de M'Uzan avec Theodor Reik s'accordent sur le fait que cette humiliation volontaire est un subterfuge pour un sujet qui camoufle son propre sadisme en le projetant sur le bourreau auquel il délègue ses propres pulsions destructrices. Au fond, le masochiste est un sadiste par procuration qui ne s'autorise pas à jouir en tant que bourreau : il prend donc la place de l'objet qu'il aurait aimé faire souffrir et jouit sur son propre corps de la souffrance fantasmée de l'autre.

Le bonheur dans le crime

Le plaisir contre la vertu, la foi et le christianisme

La Philosophie dans le boudoir permet à Sade d'exposer des idées héritées des Lumières : il s'agit d'abord de réhabiliter le désir et le plaisir – Sade emploie le mot racinien de « passions »[1] – comme étant des phénomènes naturels, puis de montrer que la prétendue vertu, anti-naturelle, n'est que la marque des hypocrites. Cette affirmation de la naturalité du désir s'appuie à la fois sur un athéisme radical, une négation du créationnisme et une profession de foi matérialiste. Le plaisir se gagne d'abord dans un combat contre la vertu, contre la foi et contre la superstition, au nom de la raison.

Que faut-il penser de la vertu ?

L'argumentation sadienne en faveur du plaisir prend parfois des accents parodiques comme dans ce passage de la profession de foi matérialiste de Dolmancé où Sade réutilise, à des fins ironiques, la fameuse métaphore voltairienne du Grand Horloger :

---

1. *La Philosophie dans le boudoir, op. cit.*, p. 67.

« Ah!! renonce aux vertus, Eugénie! Est-il un seul des sacrifices qu'on puisse faire à ces fausses divinités, qui vaille une minute des plaisirs que l'on goûte en les outrageant? Va, la vertu n'est qu'une chimère, dont le culte ne consiste qu'en des immolations perpétuelles [...]. De tels mouvements peuvent-ils être naturels? La nature conseille-t-elle ce qui l'outrage? Ce ne sont pas, si tu veux, les mêmes passions qu'elles servent, mais elles en ont d'autres, et souvent bien plus méprisables... C'est l'ambition, c'est l'orgueil, ce sont des intérêts particuliers [...] Est-il donc meilleur de sacrifier à l'égoïsme qu'aux passions? »

Eugénie lui demande ensuite ce qu'il faut penser de la piété :

« Eh bien, s'il est démontré que l'homme ne doit son existence qu'aux plans irrésistibles de la nature [...] ; s'il est démontré que ce Dieu [...] n'est que le nec plus ultra de la raison humaine [...] ; s'il est prouvé que l'existence de ce Dieu est impossible, et que la nature, toujours en action, toujours en mouvement tient d'elle-même ce qu'il plaît aux sots de lui donner gratuitement ; si tout cela se trouvait prouvé, [...] croyez-vous donc que la piété qui lierait l'homme à ce Créateur imbécile, fût une vertu bien nécessaire? [...] Il faut avoir perdu le sens pour y croire [...] cet abominable fantôme est inutile au système de la terre [...] Mais, dira-t-on à cela, Dieu et la nature sont la même chose. Ne serait-ce pas une absurdité? La chose créée ne peut être égale à l'être créant : est-il possible que la montre soit l'horloger[1] ? »

La philosophie dans le boudoir, parue en 1795, se présente comme un ouvrage « pédagogique » puisqu'il s'agit de faire l'éducation d'Eugénie. N'oublions pas que plus de trente ans auparavant, en 1762, était paru un autre ouvrage mêlant philosophie et éducation, un ouvrage « pédagogique », qui lui aussi fit scandale :

---

1. *Ibid.*, pp. 67-69.

L'Émile, notamment par une partie du livre IV, intitulée « La Profession de foi du vicaire savoyard ».

Rousseau y donne la parole au vicaire, personnage de fiction mais surtout personnage conceptuel, qui permet à Rousseau d'exposer ses théories sur la religion naturelle et certaines questions métaphysiques essentielles comme celle du mal. Le vicaire a connu des périodes de doute intense et s'est détourné du bien et de l'amour de Dieu. Mais il a su entendre la voix de sa conscience et retrouver la foi en lui. Ce passage, dans lequel il fait l'éloge de la vertu et oppose le faux plaisir des sens au vrai plaisir de la vertu, apparaît comme l'antithèse du discours de Dolmancé :

« Je me disais : Pourquoi me tourmenter à chercher ce qui n'est pas ? Le bien moral n'est qu'une chimère ; il n'y a rien de bon que les plaisirs des sens. Ô quand on a une fois perdu le goût des plaisirs de l'âme, qu'il est difficile de le reprendre ! Qu'il est plus difficile encore de le prendre quand on ne l'a jamais eu ! [...] Mais croyez-vous qu'il y ait sur la terre entière un seul homme assez dépravé pour n'avoir jamais livré son cœur à la tentation de bien faire ? Cette tentation est si naturelle et si douce qu'il est impossible de lui résister toujours ; et le souvenir qu'elle a produit une fois suffit pour la rappeler sans cesse[1]. »

Gageons que toute l'œuvre de Sade est écrite pour résister à cette « tentation de bien faire ».

Pour parfaire l'éducation d'Eugénie, Dolmancé doit également s'attaquer à Jésus, aux miracles, aux mystères, à l'Esprit saint, à tel point que l'on a parfois l'impression que ces pages sont écrites comme un contrepoint à l'*Apologie de la religion chrétienne* de

---

1. J.-J. Rousseau, *Profession de foi du vicaire savoyard*, Gallimard, coll. « GF », p. 91.

Pascal[1]. On n'oubliera donc pas, en lisant ces lignes, que Sade lui-même a pratiqué la profanation de l'hostie et le blasphème :

> « *Des rites bizarres s'instituent sous le nom de sacrements, dont le plus indigne et le plus abominable de tous est celui par lequel un prêtre, couvert de crimes, a néanmoins, par la vertu de quelques paroles magiques, le pouvoir de faire arriver Dieu dans un morceau de pain*[2]. »

Quelques pages plus loin, Dolmancé, qui use et abuse des « sacredieu », « foutredieu », « doubledieu » et « tripledieu », fera, à Mme de Saint-Ange qui s'en étonne, l'éloge du blasphème comme un aphrodisiaque nécessaire :

> « *[...] un de mes plus grands plaisirs est de jurer Dieu quand je bande. Il me semble que mon esprit, alors mille fois plus exalté, abhorre et méprise bien mieux cette dégoûtante chimère; [...] imitez-moi, femme charmante, et vous verrez l'accroissement que de tels discours porteront infailliblement à vos sens*[3]. »

La transgression et l'éloge du crime

On peut lire dans « Français, encore un effort pour être républicains » le système que Sade élabore comme anti-morale ; il y prône de façon parfaitement cohérente et rationnelle le renversement de tous les impératifs fondamentaux de la loi morale et promeut la calomnie, l'inceste, le vol, le meurtre, la prostitution et la sodomie. Sade fait l'éloge du crime et de la cruauté en s'appuyant sur l'argument naturaliste et matérialiste poussé à l'extrême. C'est dans *Juliette* (1799) que Sade décrit le

---

1. Lire les pages 71 à 74 de *La Philosophie dans le boudoir* dans lesquelles Sade refait l'histoire du Christ et du christianisme à sa manière. Ces passages peuvent être lus comme une réécriture parodique des *Pensées* de Pascal. On se reportera à la pensée sur les deux infinis (185 classement Le Guern, Folio, et 199 Lafuma) et à la liasse « Preuves de Jésus-Christ », ainsi qu'aux pensées non classées « Preuves de la religion par le peuple juif » (Le Guern, Gallimard, coll. « Folio », pp. 397-456).
2 *La Philosophie dans le boudoir,* p. 74.
3. *Ibid.*, pp. 112-113.

crime comme une tentative – jamais aboutie car nécessairement imparfaite – d'épouser au mieux le mouvement de la Nature elle-même : le pape Pie VI, devenu un des héros du roman, fait du crime la participation bénéfique, et même nécessaire, de l'homme à l'élan vitaliste de la nature. Mais cette participation est toujours en deçà de la destruction à l'œuvre dans la nature elle-même, car l'homme n'ose jamais se porter à ce degré de destruction et d'anéantissement que la nature exige. Il ne fait que copier imparfaitement ce mouvement, tout empêtré qu'il est dans des liens sociaux et des principes moraux qui l'entravent dans son désir. C'est à ce moment précis – là où l'homme « normal » recule – que doit intervenir l'homme sadien – ouvrant cet espace que Freud situera « Au-delà du principe de plaisir » : celui de la pulsion de mort, où les forces vitales rejoignent les forces destructrices.

Le Système du pape Pie VI

Lacan fait du « Système du pape Pie VI » la pièce maîtresse de son séminaire *L'Éthique* afin d'illustrer la complexité de la pulsion de mort dans la théorie freudienne (*Séminaire VII*, chapitre XVI).

« Sade anime devant nous la théorie que par le crime l'homme se trouve collaborer à de nouvelles créations de la nature. L'idée est que le pur élan de la nature est obstrué par ses propres formes, que les trois règnes, par ce qu'ils manifestent de formes fixées, enchaînent la nature dans un cycle limité, manifestement imparfait du reste, comme le montre le chaos, voire la cohue, de conflits, le désordre fondamental de leurs relations réciproques[1]. »

Juliette, héroïne libertine du roman, séjourne à Rome où elle demande à rencontrer le pape Pie VI. Pour lui accorder ses faveurs, elle exige de celui-ci une dissertation sur le crime — afin de comprendre les raisons de sa jouissance à le pratiquer elle-même. Cet

---

1. Lacan, *Séminaire VII*, Ed. Seuil, p. 248.

extrait de la dissertation du pape Pie VI manifeste l'inspiration matérialiste et quasiment épicurienne de Sade – comme le prouve la citation du poète latin Horace à la fin du passage.

L'ensemble du discours prend d'ailleurs une tonalité lyrique – comme le souligne Lacan – qui vient renforcer l'aspect paradoxal du système :

« Le principe de la vie, dans tous les êtres, n'est autre que celui de la mort ; nous les recevons et les nourrissons dans nous, tous deux à la fois. À cet instant que nous appelons mort, tout paraît se dissoudre ; nous le croyons, par l'excessive différence qui se trouve alors entre cette portion de matière, qui ne paraît plus animée ; mais cette mort n'est qu'imaginaire, elle n'existe que figurativement et sans aucune réalité. La matière, privée de cette autre portion subtile de matière qui lui communiquait le mouvement, ne se détruit pas pour cela ; elle ne fait que changer de forme, elle se corrompt, et voilà déjà une preuve de mouvement qu'elle conserve ; elle fournit des sucs à la terre, la fertilise, et sert à la régénération des autres règnes, comme à la sienne. Il n'y a enfin nulle différence essentielle entre cette première vie que nous recevons, et cette seconde qui est celle que nous appelons mort. Car la première se fait par la formation de la matière qui s'organise dans la matrice de la femelle, et la seconde est, de même, de la matière qui se renouvelle et se réorganise dans les entrailles de la terre. Ainsi, cette matière éteinte redevient elle-même, dans sa nouvelle matrice, le germe des particules de matière éthérée, qui seraient restées dans leur apparente inertie, sans elle. Et voilà toute la science des lois de ces trois règnes, lois indépendantes de la nature, lois qu'ils ont reçues, dès leur premier échappement, lois qui contraignent la volonté qu'aurait cette nature de produire de nouveaux jets : voilà les seuls moyens par lesquels s'opèrent les lois inhérentes à ces règnes. La première génération, que nous appelons vie, nous est une espèce d'exemple. Ces lois ne parviennent à cette première génération que par l'épuisement; elles ne parviennent à l'autre que par la destruction. Il faut, à la première, une espèce de matière corrompue, à la seconde, de la matière putréfiée. Et voilà la seule cause de cette immensité de créations successives: elles ne sont, dans les unes et dans les autres, que ces premiers principes d'épuisement ou d'anéantissement, ce qui vous fait voir que la mort est aussi nécessaire que la vie, qu'il n'y a point de mort, et que tous les fléaux dont nous venons de parler, la cruauté des tyrans, les crimes du scélérat, sont aussi nécessaires aux lois de ces trois règnes que l'acte qui les revivifiait.

[...] Ainsi le scélérat, par ses meurtres, non seulement aide la nature à des vues qu'elle ne parviendra jamais pourtant à remplir, mais aide même aussi aux lois que les règnes reçurent lors du premier élan. Je dis premier élan, pour faciliter l'intelligence de mon système, car, n'y ayant jamais eu de création, et la nature étant éternelle, les élans sont perpétuels tant qu'il y a des êtres; ils cesseraient de l'être s'il n'y en avait plus, et favoriseraient alors de seconds élans, qui sont ceux que désire la nature, et où elle ne peut arriver que par une destruction totale, but où tendent les crimes.

[...] Point de destruction, point de nourriture à la terre, et, par conséquent, plus de possibilité à l'homme de pouvoir se reproduire. Fatale vérité, sans doute, puisqu'elle prouve d'une manière invincible que les vices et les vertus de notre système social ne sont rien, et que les vices mêmes sont plus nécessaires que les vertus, puisqu'ils sont créateurs et que les vertus ne sont que créées, ou, si vous l'aimez mieux, qu'ils sont causes et que les vertus ne sont qu'effets... qu'une trop parfaite harmonie aurait encore plus d'inconvénient que le désordre; et que si la guerre, la discorde et les crimes venaient à être bannis de dessus la terre, l'empire des trois règnes, devenu trop violent alors, détruirait à son tour toutes les autres lois de la nature. Les corps célestes s'arrêteraient tous, les influences seraient suspendues par le trop grand empire de l'une d'elles; il n'y aurait plus ni gravitation ni mouvement. Ce sont donc les crimes de l'homme qui, portant du trouble dans l'influence des trois règnes, empêchent cette influence de parvenir à un point de supériorité qui troublerait toutes les autres, en maintenant dans l'univers ce parfait équilibre qu'Horace appelait rerum concordia discors[1]. Le crime est donc nécessaire dans le monde[2]. »

Pourquoi l'affranchissement naturaliste du désir et du plaisir, entrepris à partir du xviie siècle par les libertins de pensée et poursuivie par les philosophes des Lumières et les libertins de Sade, a-t-il échoué ? La réponse de Lacan est que la naturalisation du désir était vouée à l'échec dès le départ et il en voit pour preuve que toute l'entreprise de l'« homme du plaisir » (*lebenmensch* comme l'appelle Freud) reste en fait articulée au défi à Dieu. Elle ne s'en libère jamais, comme le prouve le texte sadien, notamment dans les passages que nous avons cités plus haut sur le blasphème et la non-existence de Dieu. C'est également l'expérience de Dom Juan qui veut s'affranchir des règles divines mais qui se soumet, certes par défi, au jugement du Commandeur et trouve là la fin dernière de son entreprise.

1. La citation est extraite des *Épîtres,* Livre I, épître XII, ligne 19 : « *Quod velit et possit rerum concordia discors* » (ce que veut et peut la discordante harmonie des événements).
2. D.A.F. Sade, *Juliette,* Tome IV, Pauvert, pp. 76-78.

L'« éthique » sadienne

Sade est la vérité du sujet bourgeois

Lacan ne fut pas le premier à rapprocher l'œuvre de Sade de la philosophie kantienne : les philosophes de l'École de Francfort, Theodor Adorno (1903-1969) et Max Horkheimer (1895-1973), l'avaient fait avant lui dans leur ouvrage *La Dialectique de la raison* (1947), soit treize ans avant Lacan : commentant *Juliette*, ils affirment que « l'œuvre du marquis de Sade montre […] le sujet bourgeois, libéré de toute tutelle », c'est-à-dire le sujet même appelé de ses vœux par Kant en 1784 dans la fameuse formule : « *Sapere aude !* Aie le courage de te servir de ton propre entendement[1]. » Cet affranchissement intellectuel devait nécessairement s'accompagner d'une remise en question des principes moraux, édictés principalement par la religion. L'affranchissement du sujet bourgeois proposé par Sade n'est, selon Adorno et Horkheimer, que l'aboutissement cynique de la logique utilitariste à l'œuvre dans la société capitaliste.

L'analyse marxiste de Sade – et de Kant – par Slavoj Žižek

Selon Adorno et Horkheimer, Sade révèle la vérité de la morale kantienne : « Sade annonce le moment où, avec l'avènement des Lumières, le plaisir lui-même perd son caractère sacré et transgressif et se trouve réduit à une activité instrumentale rationnalisée[2] ».

« Pour Adorno et Horkheimer, [la] fracture est inhérente à la société bourgeoise, où les relations de marché objectives et "froides", la logique utilitaire de la manipulation instrumentale, s'agrémentent d'une moralité pathétique et d'un philanthropisme sentimental.

---

1. E. Kant, *Qu'est-ce que les Lumières ?*, Mille et une nuits, 2006, p. 11.
2. Slavoj Žižek, « Kant avec (ou contre) Sade ? », *Savoirs et cliniques*, 2004/1- n° 4, p. 90. Sur l'histoire des relations entre le sacré et l'érotisme, on lira *L'érotisme* de G. Bataille (Ed. Minuit, 1958) qui consacre deux chapitres à Sade : « L'homme souverain de Sade » et « Sade et l'homme normal ». Bataille s'inspire en partie de l'analyse marxiste en faisant de l'érotisme sadien un éloge de la dépense.

[....] Le grand mérite des poètes maudits bourgeois ou de penseurs comme Sade ou Nietzsche est d'abandonner cet enrobage moraliste et d'accepter jusqu'au bout les conséquences de l'attitude instrumentale capitaliste. Autrement dit, [...] la position sadienne est la véritable implication éthique de la subjectivité moderne – ou plus radicalement, de tout le processus des Lumières, depuis ses premières origines mythiques[1]. »

« Kant avec Sade » selon Lacan

Lacan, lui aussi, met en parallèle la morale kantienne et l'anti-morale sadienne. L'affranchissement du sujet sadien se réalise – dans la fiction – essentiellement par la négation d'autrui et celle d'un des principes moraux fondateurs formulés par l'Ancien Testament : « Tu ne tueras point ».

En lieu et place de ce commandement, Sade formule un « impératif catégorique », qui est que chaque sujet a le droit de jouir d'autrui, quel qu'il soit, comme instrument de son plaisir, et sans prendre en considération ni la douleur d'autrui, ni la sienne propre. Voilà la maxime sadienne formulée selon Lacan :

> « J'ai le droit de jouir de ton corps, peut me dire quiconque, et ce droit, je l'exercerai, sans qu'aucune limite m'arrête dans le caprice des exactions que j'ai le goût d'y assouvir[2]. »

L'homme selon Sade doit déterminer sa conduite en vue de son plaisir en mettant de côté tout sentiment puisque la douleur d'autrui ne signifie rien pour lui. Ce qui fait de l'apathie, de l'incapacité à ressentir la douleur, la qualité essentielle de l'homme sadien. Or cette apathie vient se superposer avec la morale kantienne qui exige que la loi morale soit déterminée uniquement en fonction de la raison, en éliminant toute forme de sympathie, amour de soi, ou plaisir dans les motifs de l'action.

---

1. Slavoj Žižek, *ibid.*
2. J. Lacan, « Kant avec Sade », *Écrits,* tome II, Paris, Ed. Seuil, coll. « Points », 1971, p. 123.

La loi morale seule doit déterminer notre action au risque même que cette obéissance nous procure de la douleur. C'est dans cet horizon commun de la douleur que Sade et Kant se rejoignent, nous dit Lacan qui commence par citer Kant :

> « *"Par conséquent nous pouvons voir que la loi morale comme principe de détermination de la volonté, par cela même qu'elle porte préjudice à toutes nos inclinations, doit produire un sentiment qui peut être appelé de la douleur [...]".*
>
> *En somme Kant est de l'avis de Sade. Car [...] pour ouvrir toutes les vannes du désir, qu'est-ce que Sade nous montre à l'horizon ? La douleur. La douleur d'autrui, et aussi bien la douleur propre du sujet, car ce ne sont à l'occasion qu'une seule et même chose. L'extrême du plaisir, pour autant qu'il consiste à forcer l'accès à la Chose, nous ne pouvons le supporter*[1]. »

Tel est bien l' « Au-delà du principe de plaisir » proposé par Sade : un espace irrespirable, où l'être brûle de pousser à l'extrême son désir au-delà de toutes limites connues. C'est pourquoi c'est à une sortie hors-monde que l'expérience sadienne nous convie ; quels lecteurs s'y risquent, à moins d'y trouver un plaisir que d'aucuns pourraient qualifier de « pervers » ? C'est d'ailleurs pour illustrer la description des conduites « pathologiques » et perverses que son œuvre et son nom sont utilisés la première fois par Krafft-Ebing (1840-1902)[2], pour désigner le *sadisme*. Telle

---

1. J. Lacan, *Séminaire livre VII, L'Éthique,* Paris, Ed. Seuil, 1986, p. 97. Le début de la citation est un extrait des *Fondements de la métaphysique des mœurs* de Kant, cité par Lacan. Pour la discussion de ce rapprochement entre Sade et Kant, on peut lire Monique David-Ménard, *La Folie dans la raison pure. Kant lecteur de Swedenborg,* Paris, Vrin, 1990, pp. 198-201 et Slavoj Žižek « Kant avec (ou contre) Sade ? », *Savoirs et cliniques,* 2004/1 - n° 4, pp. 89 à 101.
2. Richard von Krafft Ebing est de seize ans l'aîné de Freud. Psychiatre viennois auteur de la *Psychopathia sexualis* (1886), Krafft Ebing représente la psychiatrie de la fin du XIXᵉ contre laquelle Freud va construire la psychanalyse.

est l'ambiguïté de son œuvre et la condamnation que Sade s'est imposée à lui-même : être non seulement immoral – il ne serait alors pas le seul –, mais définitivement illisible. C'est qu'il révèle l'insoutenable sur lequel repose notre société : la jouissance est un mal, parce qu'elle comporte le mal du prochain – ce que Freud reprendra de son côté dans *Malaise dans la civilisation*.

Les paradoxes de l'érotisme sadien

C'est d'abord paradoxalement la vérité de l'homme en tant qu'être social que peint Sade. En pratiquant le crime et tous les plaisirs avec excès jusqu'à détruire autrui et les liens sociaux, Sade met en évidence la réalité de notre vie, de ce qui nous rend humains : le lien à l'autre. Freud arrivera aux mêmes conclusions en inversant la proposition dans *Malaise dans la culture* : ce que révèle la culture en tant que sublimation de l'érotisme – qui contient intrinsèquement une part de violence – c'est qu'il y a un « malaise » dans le lien social. L'interdit biblique « Tu ne tueras point » et le discours évangélique « Aime ton prochain comme toi-même » ne sont rien moins que la preuve de la vérité de l'homme « naturel » : le désir de tuer son prochain.

Il revient à Georges Bataille d'avoir démontré la dimension apocalyptique de Sade, au sens d'une révélation de la vérité de l'érotisme, vérité jamais encore dépeinte avec tant de vigueur et qui continue de brûler les yeux plus de deux siècles après la mort de son auteur. L'expérience imaginaire sadienne – dans son œuvre de fiction – est le fruit de la révélation de la vérité de l'érotisme comme activité anti-sociale, fondée sur une dépense excessive, ruineuse et destructrice. Sade met au jour le paradoxe de l'homme des Lumières : il se veut souverain à la place du souverain, veut jouir de son entière liberté mais n'abandonne pas pour autant la morale humaniste même s'il déclare rejeter le christianisme. Ainsi l'homme souverain, modèle des Lumières, se limite-t-il lui-même et rend impossible sa souveraineté en s'interdisant de jouir sans limite des autres hommes. Seule l'utopie sadienne « réalise » – encore une fois dans la fiction – l'utopie de l'homme souverain des Lumières. Cependant, et c'est à nouveau un paradoxe, là où il pense avoir réussi sa souveraineté, dans sa jouissance-même, il échoue. En effet, en recherchant la jouissance aux dépens d'autrui, l'homme souverain sadien ne nie pas seulement autrui : il se nie lui-même, en contrôlant tous ses sentiments empathiques, mais aussi en contrôlant son plaisir comme l'explique Maurice Blanchot :

> *« Tous ces grands libertins ne sont grands que parce qu'ils ont annihilé en eux toute capacité de plaisir*[1]*. »*

L'homme sadien est pris dans une exigence de jouissance absolue, détachée des autres, exigence issue de son sur-moi qui l'empêche de jouir « misérablement » − de connaître la « petite mort » comme l'homme normal. Autrement dit, nouveau paradoxe, l'homme souverain de Sade n'a pas la liberté de jouir : il n'est pas libre d'accepter une servitude qui serait la recherche d'une jouissance acceptant la castration. C'est d'ailleurs sur ce point que le sadiste rejoint le masochiste dans l'assomption de la douleur comme jouissance et dans la mort − qu'elle soit donnée ou subie :

> *« La négation des autres, à l'extrême, devient négation de soi-même. Dans la violence de ce mouvement, la jouissance personnelle ne compte plus, seul compte le crime et il n'importe pas d'en être la victime*[2]*. »*

On peut se demander dans ces conditions si l'on peut encore parler de plaisir chez Sade puisque les données sensibles sont annihilées, que la volonté emporte tout − y compris le corps − avec la levée des barrières morales. La Raison reste la seule donnée de la volupté sadienne : le système, si cohérent qu'il paraisse, est miné de l'intérieur. Et le plus grand paradoxe du plaisir sadien, c'est peut-être qu'il n'est jamais exempt de l'angoisse et de la culpabilité, jamais totalement affranchi de la religion et du sacré. L'œuvre de Sade fascine et horrifie : qu'elle soit lisible

---

1. M. Blanchot, *Lautréamont et Sade,* Ed. Minuit, 1949, p. 258.
2. G. Bataille, *L'érotisme,* 1958, p. 195.

ou illisible, elle est ce point aveugle qui permet à l'homme de connaître et de nommer ses excès en manifestant de façon outrée le déchaînement de violence dont il est capable dans l'érotisme. Comme le dit Bataille, chez Sade « le plaisir, c'est le paradoxe[1] » : l'homme sadien se brûle lui-même à l'absolu de sa volonté de jouir qui le dépasse.

Pour finir...

Lire Sade s'avère donc une entreprise fort périlleuse. Tout lecteur est pris entre l'effroi qui le saisit devant le crime et lui interdit de poursuivre sa lecture et d'autre part un plaisir de la lecture qui le placerait alors fantasmatiquement dans la position du pervers ou du monstre. Et pourtant, connaître Sade et sa théorie du plaisir articulé au crime est incontournable pour celui qui veut connaître la présence de l'abîme au cœur de l'homme.

1. *Ibid*, p. 197.

7 / **Kant**
ou le plaisir paradoxal

Pour commencer...

Né dans une famille très modeste et piétiste à Kœnisberg, en Prusse orientale, en 1724, Kant n'a pratiquement jamais quitté sa ville de naissance. Cet homme qui a révolutionné la philosophie a eu une existence des plus remarquables par son austérité. Initié à la philosophie et à la science de Newton à l'université, il est d'abord précepteur, afin de subvenir à ses besoins à la mort de son père ; il devient enseignant en 1755, puis professeur titulaire d'université en 1770. Ce n'est qu'à l'âge de soixante ans qu'il publie la *Critique de la raison pure* à laquelle son nom est resté attaché. Cette œuvre le rend illustre, mais l'homme ne change en rien ses habitudes minutieuses (emploi du temps immuable, promenade et déjeuner à heures fixes). Il lit énormément, écrit sur tout, notamment sur la philosophie pratique et l'esthétique, avec une acuité incomparable et une exceptionnelle qualité de pensée admirée de ses contemporains. Il s'éteint en 1804 au terme d'une longue vie entièrement vouée à la philosophie, en s'exclamant : « Es ist gut » (c'est bien).

Le plaisir est d'abord pour Kant une donnée anthropologique, un déterminant naturel de la faculté de désirer, du moins de la faculté de désirer inférieure, c'est-à-dire de la faculté de désirer en tant que dépourvue de toute valeur morale. C'est dire si, au contraire des morales antiques, qui lui ont souvent fait une place ô combien importante, Kant entend écarter le souci du plaisir de toute perspective morale, voire définir la moralité contre ce souci. Sévèrement exclu de la morale, le plaisir ne trouve pas moins sa place lorsqu'il s'agit de penser les paradoxes du jugement esthétique et alors que Kant met en avant une notion essentielle aux développements futurs de l'esthétique, la notion de plaisir désintéressé.

Le plaisir, une donnée anthropologique

L'alternance du plaisir et de la douleur

Le plaisir est inséparable de la satisfaction qu'éprouvent les sens et ainsi il est une donnée anthropologique difficilement négligeable :

> « *Le contentement est un plaisir procuré par les sens, et ce qui réjouit les sens est appelé agréable. La douleur est le déplaisir procuré par les sens, et ce qui la suscite est désagréable[1].* »

Kant précise que le plaisir et la douleur s'opposent non comme le profit et le manque mais comme le profit et la perte, autrement dit non comme un état positif à un état indifférent mais comme un état positif à un état négatif :

> « *Ce qui me pousse immédiatement (par les sens) à quitter mon état (à sortir de lui) m'est désagréable — cela me cause de la douleur ; ce qui, de la même manière, me pousse à conserver l'état où je suis (à demeurer en lui) m'est agréable, il m'apporte du contentement[2].* »

Plaisir et douleur se définissent encore par rapport à la vie animale : le plaisir est le sentiment que la vie est favorisée tandis que la souffrance correspond au sentiment contraire que quelque chose fait obstacle à la vie. L'antagonisme du plaisir et de la douleur, le jeu continuel de ces sentiments contraires est une condition sans laquelle la vie serait impossible et, en ce sens, la douleur prime sur le plaisir parce qu'elle est antérieure au contentement :

> « *La douleur est toujours la première. Car, d'un continuel encouragement apporté à la force vitale, laquelle ne peut pourtant s'élever au-delà d'un certain degré, que*

---

1. *Anthropologie du point de vue pragmatique*, § 60.
2. *Ibid.*

147

résulterait-il d'autre qu'une mort rapide provoquée par la joie ? [...] La douleur est l'aiguillon de l'activité, et c'est en elle avant tout que nous éprouvons notre vie ; sans elle, la vie s'exténuerait[1]. »

De cette alternance de douleur et de plaisir qui caractérise la vie, Kant donne de nombreux exemples, qui lui confèrent une valeur anthropologiquement explicative. Si nous aimons le jeu, c'est parce qu'il délasse d'un long effort de pensée plus efficacement et surtout plus rapidement que l'oisiveté. Pour la même raison, on peut dire du travail qu'il permet de mieux jouir de la vie : sans une occupation pénible qui le précède, le repos n'aurait rien d'une jouissance.

Les romans d'amour

On ne s'attend pas à voir Kant appuyer un raisonnement abstrait sur l'exemple des romans sentimentaux, dont on suppose peut-être un peu vite qu'ils relèvent d'un univers qui lui est tout à fait étranger. Mais ce genre est à la mode en cette fin du xviiie siècle et Kant se révèle soucieux, surtout dans une anthropologie pragmatique, d'exemples qui renvoient à la vie de ses lecteurs.

« Pourquoi un roman d'amour se termine-t-il par un mariage et pour quelle raison un volume supplémentaire venant le compléter qui, de la main d'un tâcheron maladroit, le prolonge en racontant ce qui survient après le mariage, apparaît-il pénible et inepte ? Cela tient au fait que la jalousie, cette douleur qu'éprouvent les amants entre leurs joies et leurs espoirs, est pour le lecteur, quand elle intervient avant le mariage, un piment, tandis que, dans le mariage, elle est un poison ; car, pour le dire dans la langue des romans, "la fin des douleurs est en même temps la fin de l'amour" (de l'amour, cela va de soi, tel qu'il s'accompagne d'affects)[2]. »

---

1. *Ibid.*
2. *Ibid.*

L'ennui et le dégoût de la vie

Sans cette stimulation de la vie que constitue la douleur, c'est une douleur négative, l'ennui, qui s'installe :

> « *Ressentir sa vie, éprouver un contentement, n'est donc rien d'autre que se sentir poussé continuellement à sortir de l'état présent (lequel doit donc consister en une douleur qui revient tout aussi souvent). Ainsi s'explique aussi le poids pressant et même angoissant que fait peser l'ennui sur tous ceux qui sont attentifs à leur vie et au temps (les hommes cultivés)*[1]. »

Il y a en ce sens grand risque à émousser trop vite sa sensibilité au plaisir :

> « *Quelle que soit la voie sur laquelle on cherche à satisfaire ses désirs, c'est [...] une maxime capitale que de pratiquer cette satisfaction avec une mesure telle qu'on puisse toujours l'accroître encore ; car en être saturé produit cet état de dégoût qui transforme la vie elle-même en un fardeau [...]. Jeune homme, je le répète, prends le travail en affection ; interdis-toi de satisfaire tes désirs, non pas pour renoncer à eux, mais au contraire pour, autant qu'il est possible, simplement en conserver toujours la perspective ! N'émousse pas prématurément, par la jouissance, ta sensibilité aux plaisirs*[2] ! »

Ainsi l'homme de volupté qui a goûté à toutes les formes de plaisir et qui n'en connaît plus de nouvelles peut-il préférer mettre fin à ses jours que de subir cette mort lente qu'est une vie ennuyeuse, « au sens où, à Paris, on disait de Lord Mordaunt : Les Anglais se pendent pour passer le temps[3]. »

---

1. *Ibid.*, § 61.
2. *Ibid.*, § 63.
3. *Ibid.*, § 61.

Le plaisir et le temps qui passe

C'est pour la même raison que nous apprécions la conversation d'un homme spirituel et divertissant qui fait passer le temps plus vite : nous nous félicitons que le temps en sa compagnie passe plus vite qu'à l'ordinaire et nous paraisse court parce que nous sommes attentifs à la douleur qui est l'aiguillon de la vie et de l'activité. Si nous étions premièrement attentifs au plaisir, nous déplorerions au contraire que le temps passe si vite. On croira objecter qu'un homme torturé par l'ennui tout au long de sa vie se plaigne *in fine* de la brièveté de sa vie. Mais le paradoxe n'est qu'apparent : une vie sans activités, où le vide des jours se répète à l'identique, semble avoir passé plus qu'elle ne l'a fait ; au contraire une vie remplie par de nombreuses activités semble avoir été plus longue. Tel est même, selon Kant,

> « *L'unique moyen sûr d'être heureux de sa vie et d'en être, en tout cas, par là même rassasié : "plus tu as pensé, plus tu as agi, plus longtemps (même dans ta propre imagination) tu as vécu." Une telle conclusion de la vie s'effectue alors avec satisfaction*[1]. »

Le temps, le désir et le cinéma

« Le cinéma, disait André Bazin, substitue à notre regard un monde qui s'accorde à nos désirs ». Si le cinéma satisfait nos désirs, c'est en nous racontant de belles histoires, qui finissent mieux que dans la réalité, comme chacun sait. Mais il le fait d'une autre manière encore : en supprimant les obstacles à leur satisfaction et la réalité des efforts qu'il faut consentir pour les satisfaire. « Si je veux me préparer un verre d'eau sucré, disait Bergson, il me faut attendre que le sucre fonde ». Lorsque nous nous décidons à faire un effort quelconque, nous éprouvons en nous une volonté sans faille qui ne tarde pas à se heurter au poids du temps, à la lourdeur des efforts qu'il faut rééditer chaque jour et, trop souvent,

---

1. *Ibid.*

nous renonçons. Rien de tel au cinéma : l'art de l'ellipse permet de suggérer un mois, voire un an d'épreuves, en quelques minutes, supprimant ainsi la distance qui sépare la velléité du réel effort de volonté. Quand un cinéaste fait sentir la réalité du temps, cela inversement ne passe pas inaperçu et contribue parfois à vider la salle : ainsi de cette séquence de *Jeanne Dielman, 23 quai du Commerce, Bruxelles* de Chantal Ackermann, film dans lequel on voit Delphine Seyrig faire la vaisselle en temps réel pendant une vingtaine de minutes...

Plaisirs équivoques...

Plaisir et douleur ne valent pas en eux-mêmes, c'est à la lumière d'un plaisir ou d'un déplaisir de nature supérieure, c'est-à-dire non plus physique mais d'ordre moral, que nous jugeons si nous devons ou si nous ne devons pas nous y abandonner. Deux cas se présentent : l'objet peut être agréable, mais le plaisir que nous y prenons nous déplaire ; l'objet peut être désagréable, mais la douleur qu'il nous inflige s'accompagner d'un certain plaisir. Dans le premier cas, on parlera de joie amère :

> « *Celui qui, alors qu'il est dans une situation délicate, hérite de ses parents ou d'un membre de sa famille respectable et bienfaisant, ne peut pas s'empêcher de se réjouir de leur décès, mais il ne peut pas non plus éviter de se reprocher cette joie*[1]. »

Et dans le second de douleur douce :

> « *Par exemple celle d'une veuve que son défunt mari a laissée dans l'aisance, et qui ne veut pas qu'on la console — ce qui, souvent, est interprété comme de l'affectation*[2]. »

1. *Ibid.*, § 64.
2. *Ibid.*

À saisir le plaisir dans sa dimension anthropologique, on est malheureusement conduit à faire des remarques qui seront loin d'être flatteuses pour les hommes :

> « *Leur plaisir s'accroît par comparaison avec la douleur des autres, tandis que leur propre souffrance diminue quand ils la comparent avec une douleur semblable ou encore plus grande chez autrui*[1]. »

Toutefois, il s'agit là d'un effet de contraste purement psychologique et qui ne témoigne d'aucune disposition au vice : loin de souhaiter les souffrances d'autres hommes, on les partage en imagination et en se réjouit d'en être réellement épargné. Et Kant de citer logiquement Lucrèce :

> « *Il est doux de contempler du rivage les efforts des nochers tourmentés par les vents furieux sur le vaste gouffre des mers. Non que leur infortune ait pour nous des charmes ; mais il est doux d'être affranchi de leur effroi douloureux*[2]. »

Le plaisir pris aux exécutions capitales

Certes, la peine de mort est supprimée en France. Mais supposons qu'elle soit rétablie, comme une majorité de Français, il y a peu, le souhaitait encore, et supposons que les exécutions aient lieu au stade de France, « jouerait-on » à guichets fermés ? Mais nous n'avons même pas besoin de faire de telles hypothèses : publiques jusqu'en 1939, les exécutions capitales ont toujours attiré une foule nombreuse tant est forte la curiosité de voir un homme mourir, curiosité que Kant s'efforce d'expliquer : « De là vient que le peuple accourt avec une curiosité passionnée pour voir amener et exécuter un criminel, comme s'il allait assister à un spectacle. Car les émotions

---

1. *Ibid.*, § 66.
2. *De Natura rerum*, II, 1-4.

et les sentiments qui s'expriment sur son visage et dans son comportement agissent par sympathie sur le spectateur et laissent, après l'angoisse provoquée en lui par l'imagination (dont la force est encore accrue par la solennité), le sentiment doux, mais cependant grave, d'une détente telle qu'on éprouve d'autant plus pleinement la jouissance de vivre qui succède à cette angoisse[1]. »

Toutes les remarques qui précèdent concernent la dimension anthropologique du plaisir, non sa dimension morale. Elles ont été faites d'un point de vue pragmatique et non point pratique. Venons-en à ce second point de vue.

Le plaisir, moralement parlant

La morale et l'expérience de la vie

On doit se garder de confondre le point de vue pratique et le point de vue pragmatique. Ce dernier considère l'action du point de vue utilitaire, est attentif aux conditions de son succès et ne vise que le bien-être. Le premier ne regarde qu'à la moralité de l'action et n'a d'autre loi que le devoir, quel qu'en soit le coût. On peut encore illustrer cette distinction en opposant l'impératif catégorique qui commande inconditionnellement de faire son devoir et l'impératif pragmatique, un impératif de la prudence, qui nous commande de chercher les moyens de notre bonheur, si tant est que l'on puisse les déterminer.

Selon Kant, la philosophie morale doit être expurgée de tout élément empirique et de toute perspective anthropologique :

« *Car qu'il doive y avoir une telle philosophie, cela résulte en toute évidence de l'idée commune du devoir et des lois morales. Tout le monde doit convenir que pour avoir une valeur morale, c'est-à-dire pour fonder une obligation,*

---

1. *Anthropologie du point de vue pragmatique*, § 66.

il faut qu'une loi implique en elle une absolue nécessité,
il faut que ce commandement, "Tu ne dois pas mentir",
ne se trouve pas valable pour les hommes seulement en
laissant à d'autres êtres raisonnables la faculté de n'en
tenir aucun compte, et qu'il en est de même de toutes les
autres lois morales proprement dites ; que par conséquent
le principe de l'obligation ne doit pas être ici cherché dans
la nature de l'homme, ni dans les circonstances où il est
placé en ce monde, mais a priori *dans les seuls concepts*
de la raison pure[1]. »

On devine que la valeur du plaisir ne saurait être la même si on l'examine du point de vue pratique après l'avoir examiné du point de vue pragmatique.

Seules comptent l'intensité et la durée des plaisirs

Empiriquement parlant, le plaisir est une condition de possibilité de la détermination de notre faculté de désirer. On croit en ce sens possible de distinguer entre une faculté de désirer inférieure et une faculté de désirer supérieure « selon que les représentations qui sont liées au sentiment de plaisir proviennent des sens ou de l'entendement[2] ». Mais c'est une illusion :

« En effet, quand on recherche les principes déterminants
du désir, et qu'on les situe dans un agrément qu'on
attend de quelque chose, peu importe l'origine de la
représentation de cet objet qui procure le plaisir ; seule
compte l'intensité du plaisir[3]. »

La preuve en est qu'il serait impossible de comparer et de mettre en balance deux principes déterminants différents de la faculté de désirer si leur origine importait. En fait seul compte leur degré, celui qui affecte plus la faculté de désirer, comme le montrent tant d'exemples :

1. *Fondements de la métaphysique des mœurs*, Préface.
2. *Critique de la raison pratique*, AK, V, 23.
3. *Ibid.*

« Le même individu peut rendre, sans l'avoir lu, un livre instructif pour lui, dont il ne disposera qu'une seule fois, pour ne pas manquer la chasse ; sortir au milieu d'un beau discours, afin de ne pas arriver trop tard pour le repas ; quitter un entretien alimenté par des conversations raisonnables, que par ailleurs il estime fort, pour s'asseoir à la table de jeu[1]. »

On se gardera de conclure de ces exemples que la faculté de désirer inférieure l'emporte souvent sur la supérieure ou que les plaisirs des sens ont plus de force que ceux de l'esprit. On conclura plus justement que les plaisirs déterminent la volonté sans égard à la faculté, sensibilité ou entendement, qui les lui représentent.

« Nul ne s'enquiert, lorsqu'il s'inquiète simplement de l'agrément de la vie, s'il s'agit de représentations de l'entendement ou des sens, mais seulement de la quantité et de l'intensité des plaisirs qu'elles lui procureront pour le temps le plus long[2]. »

De ce point de vue, Kant rend justice à Épicure : on ne saurait lui reprocher d'avoir négligé les représentations de la faculté de désirer supérieure. Dès lors qu'il faisait du plaisir le principe déterminant de la vertu, peu importe, ainsi que nous l'avons vu, la nature des représentations du plaisir et seule comptent l'intensité et la durée des plaisirs représentés.

« Si, avec Épicure, nous ne retenons dans la vertu, comme détermination de la volonté, que le simple plaisir qu'elle promet, nous ne pouvons pas ensuite lui reprocher de considérer ce plaisir comme étant tout à fait de même nature que les plaisirs des sens les plus grossiers ; car il n'y aucune raison pour le blâmer d'avoir attribué

---

1. *Ibid.*
2. *Ibid.*

uniquement aux sens corporels les représentations par lesquelles ce sentiment serait excité en nous[1]. »

On ne saurait reprocher à Épicure quelque inconséquence que ce soit. Mais on ne saurait le suivre dans l'idée de faire du plaisir le principe de la morale, d'abord parce que le plaisir est une détermination empirique de la volonté, valable par conséquent au point de vue pragmatique mais pas au point de vue pratique, ensuite et surtout parce que la moralité regarde au devoir plus qu'au plaisir.

Action seulement conforme au devoir et action réellement accomplie par devoir

Pour le comprendre, il faut s'interroger sur ce qui fait qu'une action peut ou non se voir reconnaître une valeur morale.

Une action est contraire au devoir ou bien conforme au devoir. Mais cette conformité ne suffit pas à lui conférer une valeur morale : *elle doit encore être accomplie par devoir*, c'est-à-dire qu'elle ne doit pas avoir d'autre mobile que le devoir lui-même. Or la conformité extérieure d'une action au devoir ne dit rien de son mobile qui reste intérieur et secret : une action morale peut être accomplie par intérêt ; on peut faire son devoir parce qu'il est avantageux de le faire et non par devoir (avec le devoir pour unique mobile). Ainsi, un commerçant honnête et droit n'agit pas forcément par devoir, car son intérêt bien compris l'invite à faire preuve de droiture et d'honnêteté. Une action morale à laquelle l'intérêt se mêle n'est pas accomplie purement par devoir, elle est seulement conforme au devoir.

Pour être vraiment morale, l'action doit être accomplie purement par devoir, c'est-à-dire qu'elle doit non seulement être indépendante de tout intérêt mais encore de toute inclination de la sensibilité, même de celles qui nous portent immédiatement au bien. Ainsi la bienfaisance lorsqu'elle trouve son principe dans une sympathie que nous éprouvons naturellement pour nos semblables, dans un élan du cœur, n'a, pour Kant, aucune

---

1. *Ibid.*, AK, V, 24.

valeur morale. C'est qu'*une action accomplie par devoir ne tient sa valeur morale que du principe d'après lequel elle est décidée*. L'action morale, redisons-le, ne tient pas sa valeur morale du but qu'elle vise, de ses effets : aussi aimables, aussi louables en soient les conséquences, seule compte son inspiration initiale. En ce sens, les inclinations sensibles − nous porteraient-elles au bien − ne sauraient constituer un mobile valable : *il n'est qu'un seul mobile moral, c'est la moralité comme mobile*.

L'action morale est contraire aux intérêts et aux inclinations sensibles

La distinction entre l'action accomplie par devoir et l'action seulement conforme au devoir met Kant aux prises avec une difficulté considérable : à quel signe reconnaître une action faite par devoir, sachant que la conformité extérieure ne suffit pas ? Comment être jamais sûr de la moralité d'une action, sûr qu'aucun intérêt ou aucune inclination sensible ne s'y mêle secrètement ? Il faudrait sonder les cœurs... mais c'est justement ce qui est impossible.

Comment être jamais sûr de la moralité d'une action ?

Pour résoudre ce problème, Kant propose une solution, déclinée sur plusieurs exemples, dont le caractère paradoxal est très frappant. Ainsi :

- C'est un devoir que de se conserver en vie, mais une inclination immédiate nous y prédispose, ce qui ôte toute valeur morale au souci que nous avons de notre propre conservation. Qu'un homme maintenant soit entièrement désespéré, que la vie lui soit devenue le plus insupportable des fardeaux : s'il renonce à se suicider, s'il reste en vie sans l'aimer, alors son action a une valeur morale, dans la mesure précise où il incline à mourir.

- C'est un devoir que de s'efforcer à être heureux (car si nous ne l'étions pas, la pression des soucis et du besoin nous détournerait de la vertu). Mais ce n'est qu'un devoir : comme fin de mon action, le bonheur ne doit jamais se compromettre avec l'intérêt ; il n'est donc un devoir que lorsqu'on a perdu tout espoir d'être heureux. – Soit un homme bienfaisant rongé par des malheurs tels qu'il en perd tout souci des autres pour s'occuper de lui-même, qu'il continue alors à être bienfaisant et son action sera accomplie par devoir.

Une action n'a de valeur morale qu'à la condition d'être dépourvue de tout intérêt et de ne répondre à aucune inclination sensible. Nous ne pouvons donc être sûrs qu'elle est accomplie par devoir et seulement par devoir que lorsqu'elle est contraire à nos intérêts et à nos inclinations sensibles. Ainsi Kant oppose-t-il l'amour pathologique (qui trouve son principe dans une inclination de la sensibilité), dépourvu de toute valeur morale, à l'amour pratique (par lequel nous aimons par devoir les êtres qui nous inspirent une aversion naturelle) qui peut, lui, constituer une détermination morale de l'action.

Entre le plaisir et le devoir, il faut choisir

Or, le plaisir correspond à une inclination naturelle autant qu'à un intérêt sensible ; à une inclination naturelle puisque la contrainte qu'exercent nos penchants sensibles nous détermine à rechercher le plaisir autant qu'à fuir la douleur ; à un intérêt sensible, puisque

> « C'est tout un que de vouloir une chose, de trouver une satisfaction dans son existence et d'y prendre de l'intérêt[1]. »

Dans de telles conditions, une action qui trouverait son principe dans la représentation d'un plaisir ne saurait avoir la moindre valeur morale. On comprend alors à quel point il était important pour Kant de nier la pertinence de la distinction entre faculté de désirer inférieure vouée au plaisir des sens et faculté de désirer supérieure ayant pour objet des plaisirs supérieurs ou spirituels.

---

1. *Critique du jugement*, § 4.

Il n'y a pas à distinguer ainsi entre les plaisirs, mais du seul point de vue de leur durée ou de leur intensité. La moralité n'est pas une affaire de choix entre plaisirs sensuels et plaisirs intellectuels; c'est entre le plaisir et le devoir qu'il faut choisir.

Si la distinction entre types de plaisirs spirituels et sensuels n'est pas moralement pertinente, il n'en demeure pas moins qu'on ne saurait confondre entre eux tous les types de plaisir et, s'il en est un qui mérite une attention particulière, c'est bien le plaisir esthétique.

Paradoxal plaisir esthétique

Que signifie « esthétique » ?

La notion de plaisir esthétique est une notion équivoque suivant la compréhension que nous prenons du terme « esthétique ». Son étymologie nous apprend qu'il vient du mot grec *aisthêsis* qui désigne la sensation. Le plaisir esthétique est donc d'abord un plaisir sensible. Mais il ne se réduit pas pour autant au plaisir des sens en général. Disons plus précisément qu'il convient d'en distinguer deux formes suivant que la satisfaction qui l'occasionne est relative au beau ou relative à l'agréable. Ces deux formes de satisfaction se distinguent en deux sens : premièrement, tandis que la satisfaction qui détermine le jugement de goût est désintéressée, la satisfaction relative à l'agréable est liée à un intérêt sensible; secondement, si l'agréable plaît à chacun selon son goût, le beau plaît universellement bien qu'il plaise sans concept.

Le plaisir esthétique proprement dit, celui qui est relatif au beau et non à l'agréable, est donc doublement paradoxal, puisqu'il constitue un plaisir désintéressé et un plaisir prétendant à l'universalité sans la soutenir du moindre concept. Ce double paradoxe doit évidemment être éclairci.

Le plaisir esthétique est contemplatif

Juger de la beauté d'une chose n'est pas une affaire d'entendement : nous jugeons qu'une chose est belle en fonction du sentiment de plaisir ou de déplaisir qu'elle nous inspire. Le jugement de goût est donc, non pas logique mais esthétique (il renvoie moins à l'entendement qu'à la sensibilité). Il est, de plus, subjectif : qu'une chose me plaise ou me déplaise, c'est fonction d'un sentiment que j'éprouve et non d'une qualité de l'objet. Kant précise qu'on peut bien trouver telle ou telle qualité à l'objet considéré : ainsi je puis reconnaître la régularité d'un édifice... Mais le plaisir que me procure la représentation de cet objet, j'en juge en rapportant la représentation à ce que j'éprouve (plaisir ou déplaisir) et non en la rapportant à telle ou telle qualité de l'objet.

C'est la satisfaction que j'éprouve ou que je n'éprouve pas qui est la mesure de mon jugement de goût. Quand je juge qu'une chose est belle, cette satisfaction est désintéressée. Une satisfaction est intéressée quand elle est inséparable de l'existence réelle de l'objet susceptible de procurer cette satisfaction : on ne désire que ce qui existe de fait. Juger qu'une chose est belle, ce n'est pas la désirer parce que c'est être indifférent à son existence effective : il nous suffit de la contempler, de la considérer, pour savoir si la représentation en est ou non plaisante. On peut être indifférent au luxe des palais et leur préférer des rôtisseries, considérer encore qu'une simple cabane suffit largement à la satisfaction de tous nos besoins. Sans doute... Mais c'est autre chose : on n'apprécie pas la beauté d'un palais en se demandant s'il serait agréable d'y vivre ou si on en a besoin ; on l'apprécie de manière désintéressée.

Un pur jugement de goût ne doit impliquer aucune forme d'intérêt et doit rester parfaitement indifférent à l'existence effective de l'objet. Le plaisir esthétique est un plaisir sensible et non pas sensuel : il est *contemplatif*.

La beauté libère notre regard du désir

« L'expérience de l'œuvre, ou des œuvres, est une connaissance du monde et de soi, elle nous associe au mouvement d'arrachement dont elle est née. Elle enseigne une idée du monde où le monde ne serait pas conçu comme une proie à saisir, une matière à transformer, le lieu d'exercice de la ruse et du calcul.

Mais comme un lieu où quelque chose advient et, dans sa splendeur muette et fugitive, est indiscutablement là : le lierre que le vent remue doucement sur ce coin de vieux mur ; ces papiers qu'il agite à l'arrêt de l'autobus ; l'oiseau qui s'ébroue au bord d'une flaque. Elle nous apprend, dit Rilke, à nous tenir "en face" du monde.

C'est ainsi que l'œuvre éduque ; c'est ainsi qu'elle enseigne à se déprendre de soi, à cesser d'être un sujet éternellement désirant. Le monde n'est pas à notre disposition, il n'a pas été créé pour notre bon vouloir : par la fréquentation de l'œuvre (des œuvres), l'homme apprend à retrouver ce regard par où, selon Rilke toujours, "la créature regarde dans l'Ouvert"[1]. »

Kant en tire cette conséquence que le beau doit faire l'objet d'un jugement de goût si pur qu'aucun attrait sensible ne s'en mêle et que toute considération de l'agréable en est exclue.

L'agréable

L'agréable mobilise un intérêt sensible : est agréable ce qui *plaît aux sens dans la sensation*. L'agréable est donc la source d'une sensation de plaisir et c'est ce plaisir qui intéresse les sens.

Cette définition de l'agréable entraîne deux précisions de Kant : premièrement, toute satisfaction n'est pas la sensation d'un plaisir ; en d'autres termes, il faut distinguer la satisfaction qui résulte d'un plaisir des sens d'autres types de satisfaction qui résultent d'autres sources (par exemple des principes de la raison). Conséquence : il n'y a pas que l'agréable qui soit source de satisfaction. Deuxièmement : il faut distinguer la sensation qui est la représentation d'une chose par les sens, de la sensation qui est une détermination du sentiment de plaisir. La première est une affaire de connaissance et la représentation des sens est rapportée à l'objet. La seconde est affaire de plaisir seulement et n'est rapportée qu'au sujet.

---

1. Danièle Sallenave, *Le Monde* du 3 février 1989.

Quand je juge une chose agréable, je suis évidemment intéressé à son existence : ma satisfaction suppose l'existence effective de l'objet. Je ne me contente pas de juger que telle chose est agréable : il faut qu'elle existe en fait. En d'autres termes, l'agréable n'est pas seulement plaisant, il fait effectivement plaisir. L'agréable est moins affaire de jugement que de plaisir effectif : du reste les hommes qui passent leur vie à rechercher la jouissance ne jugent quasiment de rien. En clair, si le beau est affaire de jugement, ce n'est pas forcément le cas de tout ce qui plaît et notamment de l'intérêt.

Le sentiment de l'agréable n'est donc jamais indifférent à l'existence de l'objet qui procure jouissance et satisfaction, mais y est justement intéressé. Si un intérêt sensible entre en jeu, le jugement de goût est, selon Kant, rien moins que barbare[1] :

> « *Le goût est encore barbare à chaque fois qu'il a besoin de mêler à la satisfaction des attraits et des émotions et, mieux encore, quand il fait de ces sensations le critère de son approbation*[2]. »

Le beau exclut l'agréable

À l'image des jugements logiques, les jugements esthétiques peuvent être empiriques ou purs. Tandis que les premiers reposent sur le goût des sens, seuls les seconds sont vraiment des jugements de goût, de *purs* jugements de goût. Kant est parfaitement clair sur ce point :

> « *Les premiers sont ceux qui expriment ce qu'un objet ou son mode de représentation a d'agréable ou de désagréable, les seconds en expriment la beauté ; les premiers sont des jugements des sens (jugements esthétiques matériels), seuls les seconds (en tant qu'ils sont formels) sont d'authentiques jugements de goût*[3]. »

---

1. On se gardera de confondre ici barbarie et grossièreté. Le jugement fondé sur le seul goût des sens est incommunicable à autrui et c'est en quoi consiste sa barbarie.
2. *Critique du Jugement*, § 13.
3. *Ibid.*, § 14.

Un authentique jugement de goût doit donc être purifié de tout élément empirique et par conséquent ni l'attrait ni l'émotion ne doivent y prendre part. Pour le dire plus radicalement encore : le beau pur exclut l'agréable.

Kant sait bien pourtant qu'une thèse aussi radicale ne peut manquer de se heurter au sentiment commun, selon lequel l'attrait est non seulement nécessaire à la beauté mais la constitue à lui seul. Avant d'objecter au sens commun, Kant commence par lui donner en partie raison. Une pure couleur (le vert d'une pelouse), un simple son (celui d'un violon), passent également pour beaux. Dans ces deux cas, et parce que c'est la matière de la sensation qui semble impliquée, on serait plus fondé à parler d'agréable. Pourtant, sur ces deux exemples, Kant ne donne pas tort au sens commun : c'est qu'il s'agit de sensations simples et surtout pures. Cette pureté est une détermination formelle de ces sensations, comme telle susceptible de communication universelle et donc aussi susceptible de passer pour belle. Précisons bien : c'est le son du violon en tant que tel (et non comparé à celui d'un autre instrument), le vert en tant que tel (et non comparé à telle autre ou telle autre couleur) qui peuvent passer pour beaux. Toute comparaison annulerait la *simplicité* de la sensation (ainsi les couleurs composées ne peuvent être dites belles) et impliquerait l'entrée en scène de l'agréable : on dirait alors *préférer* le son du violon à celui du cor, ou le vert au rouge... Une couleur et un son ne peuvent être beaux qu'en eux-mêmes et non à les juger plus agréables que tels ou tels autres couleurs ou sons. Une fois encore, le beau exclut l'agréable.

Le rigorisme de Kant pourrait le conduire à d'étonnants paradoxes. De même que son rigorisme moral le conduit à ne reconnaître comme action réellement accomplie par devoir que l'action contraire à l'intérêt ou au sentiment, son rigorisme esthétique semble bien le conduire à n'admettre comme pur jugement de goût que le jugement qui affirmerait la beauté d'une représentation jugée désagréable par les sens... Ceci dit, ce qui ici sauve Kant d'un tel excès, c'est son formalisme, son insistance sur le caractère formel du jugement esthétique pur. Il n'est pas nécessaire que le jugement esthétique pur s'accompagne d'un désagrément pour que tout élément matériel en soit exclu. Il suffit qu'on ne puisse rapporter la beauté considérée à rien d'agréable matériellement parlant. Pour être pure beauté, il n'est pas nécessaire que le beau soit désagréable, il suffit qu'il ne soit pas agréable.

L'attrait n'augmente pas le plaisir que nous prenons à la beauté

Là où, par conséquent, Kant s'oppose tout à fait au sens commun, c'est sur l'idée que l'attrait exercé par une représentation quelconque en renforcerait la beauté. L'attrait peut certes aider à intéresser un esprit grossier et inexercé, mais il ne saurait constituer un principe d'appréciation de la beauté. L'attrait est, en lui-même, étranger à la forme belle et ne doit être toléré que dans la mesure où il ne la perturbe pas et dans le cas où le goût est encore faible et inculte. Si l'attrait se voit ainsi reconnaître par Kant une valeur propédeutique (mieux vaut en effet commencer la musique classique par la *Petite musique de nuit* que par un *quatuor* de Beethoven...), il n'en reste pas moins étranger au pur jugement de goût. Les exemples qui suivent illustrent cette conception austère de la beauté.

Dans les arts plastiques, au nombre desquels Kant compte l'art des jardins et l'architecture, c'est le dessin qui est l'essentiel. Les couleurs rendent certes l'objet plus attrayant mais ne le rendent pas plus digne d'être contemplé, dit Kant, et on remarquera l'idée de dignité directement empruntée à la morale (il ne s'agit pas d'être heureux mais digne d'être heureux). Non seulement les couleurs ne font pas la beauté de la forme mais, encore, ce sont elles qui sont ennoblies par cette dernière. Et quand ce n'est pas la forme, c'est le jeu qui prime : jeu des formes (dans la danse ou le mime) ou jeu des sensations (dans la musique). Dans les arts musicaux, l'agrément des instruments ne vaut pas plus que la couleur dans les arts plastiques : ou c'est le dessin, ou c'est la composition qui priment. Seule la forme pure est belle... C'est sans doute une idée de philosophe, mais on conviendra sans peine que beaucoup d'artistes modernes la partagent.

En ce qui concerne les arts d'ornement, Kant persiste dans la même perspective. Les ornements qu'on ajoute à l'œuvre contribuent effectivement à sa beauté s'ils n'ajoutent qu'une belle forme à une belle forme (ainsi les cadres des tableaux, les drapés des statues ou les colonnades des palais). Mais que l'ornement plaise trop pour attirer l'attention (comme un cadre doré) et alors il devient parure et nuit à la beauté authentique. Toujours le même rigorisme dont on trouve une dernière expression dans la conclusion du §14 :

> « *Un pur jugement de goût n'a pour principe déterminant ni attrait ni émotion, en un mot aucune sensation, en tant que matière du jugement esthétique.* »

À chacun son goût…

Nous venons de voir à quel point il importait de distinguer le beau (qui procure un plaisir désintéressé) de l'agréable qui est toujours intéressé à l'existence réelle de l'objet de plaisir, et dans quelle mesure le pur jugement de goût se devait d'exclure toute considération de l'agréable. Cette distinction du beau et de l'agréable est au cœur de la manière dont Kant tranche la question du relativisme esthétique et du principe qui l'exprime : *à chacun son goût…* C'est le moment d'en venir au second paradoxe du plaisir esthétique.

Parce que leur principe déterminant est subjectif, parce qu'il ne s'y agit pas d'affirmer objectivement une qualité de la chose, mais de savoir si une chose est ou non source de satisfaction, les jugements esthétiques sont toujours personnels. Mais la question est de savoir s'ils ne sont que personnels ou s'ils peuvent prétendre à une universalité. Ce que je juge beau, tout autre doit-il en juger comme moi ou en suis-je le seul juge ?

Un plaisir à prétention universelle

En réponse à cette interrogation, le §6 de la *Critique du jugement* soutient une affirmation apparemment paradoxale :

> « *Est beau ce qui plaît universellement sans concept.* »

Que le jugement de goût ne repose sur aucun concept puisque son principe déterminant est subjectif, soit, mais comment, dans de telles conditions, peut-il prétendre à l'universalité ? Pour surprenante qu'elle paraisse, cette prétention n'en découle pas moins de ce qui précède : quiconque éprouve librement une satisfaction sans s'y sentir poussé par un quelconque intérêt d'ordre personnel (comme peut l'être un sentiment de plaisir des sens ou la voix intérieure de la conscience morale) est naturellement enclin à croire que chacun en jugera comme lui. L'absence d'un intérêt personnel le conduit inévitablement à considérer que la beauté est une propriété de l'objet et que son jugement esthétique témoigne de la même indifférence « objective » qu'un jugement logique. Bien entendu, il ne s'agit pas d'un jugement de connaissance : la prétention à l'universalité du jugement de goût n'est pas fondée objectivement et ne peut être que subjective.

Si cette prétention à l'universalité est constitutive du jugement esthétique, elle est en revanche absente du « jugement » sur l'agréable : tandis que le premier prétend à l'universalité, le second se résigne à son caractère étroitement subjectif.

> « *Pour ce qui est de l'agréable, chacun se résigne à ce que son jugement, fondé sur un sentiment individuel, par lequel il affirme qu'un objet lui plaît, soit restreint à sa seule personne*[1]. »

Ainsi, si je déclare que le vin des Canaries est agréable, j'accepte sans difficulté que quelqu'un d'autre me corrige : ce vin n'est pas agréable, il m'est agréable. Conséquence : des goûts et des couleurs, on ne discute pas. En *disputer* serait même pure folie : « au point de vue de l'agréable, il faut admettre le principe : à chacun son goût ». Mais c'est qu'il ne s'agit ici que du goût des sens : « il en va tout autrement du beau[2] ».

Quand nous disons qu'une chose est belle, nous ne voulons pas dire par là qu'elle est belle pour nous, nous prétendons au contraire

---

1. *Ibid.*, § 7.
2. *Ibid.*

trouver la même satisfaction en autrui. L'accord avec autrui n'est pas *constaté* (paradoxalement, les goûts s'accordent souvent sur l'agréable alors qu'ils diffèrent sur le beau), mais *exigé*. En d'autres termes, on parle de la beauté « comme si elle était une propriété des objets[1] ».

Mais faute de pouvoir exhiber la moindre règle d'après laquelle une chose devrait être jugée belle, nous savons qu'il n'en est rien. On ne saurait pourtant affirmer que la prétention à l'universalité soit infondée, car ce serait une fois encore témoigner de ce goût barbare qui confond l'agréable et le beau (le barbare est incapable d'admettre la beauté de ce qui ne lui procure aucune jouissance sensible). Surtout, on ne saurait alors parler de jugement de goût : dire « à chacun son goût », c'est ruiner l'idée même de jugement esthétique.

Discuter ou disputer à propos des plaisirs

Si le jugement sur l'agréable peut prétendre à une certaine unanimité sociale, et le jugement sur le bien à une universalité conceptuelle, le jugement sur le beau ne peut prétendre qu'à une universalité sans concept. Cette prétention paradoxale s'exprime bien par le critère avancé à propos de l'agréable : la possibilité de *discuter* ou de *disputer*. Rappelons que les deux termes n'ont pas du tout la même signification : la *discussion* est une confrontation non concluante d'opinions, ne pouvant ambitionner qu'à un accord aussi fragile qu'il est hypothétique, tandis que la dispute (*disputatio*) est un échange d'arguments qui trouve une issue par l'apport d'une preuve conceptuelle.

Concernant l'agréable et le bien, les choses sont claires :
– de l'agréable, on ne peut discuter, ni à plus forte raison disputer ;
– du bien, on peut non seulement discuter mais disputer.

Mais qu'en est-il du beau ? On peut admettre le principe « à chacun son goût » dès lors qu'il n'est question que de l'agréable, et il faut bien admettre qu'on ne saurait jamais *disputer* du goût de quelque manière qu'on l'entende. Mais cela laisse ouverte justement la

---

1. *Ibid.*

possibilité de discuter du goût dès lors qu'il s'agit du jugement par lequel nous affirmons qu'une chose est belle :

> « *On peut discuter du goût (bien qu'on ne puisse en disputer)... Cette sentence enveloppe le contraire de la première proposition ("à chacun son goût"). En effet, là où il est permis de discuter, on doit aussi avoir l'espoir de s'accorder*[1]. »

Cet espoir d'un accord, c'est bien l'exigence qui nous pousse à discuter effectivement de nos goûts, à les confronter à ceux d'autrui. Si nous savons que la validité de notre goût ne peut être démontrée, nous n'en espérons pas moins, quand il s'agit du beau et non de l'agréable, le faire partager à autrui. L'expérience esthétique est communicable faute d'être démontrable par raisons.

Un plaisir désintéressé et libre

Au §9 de la *Critique du jugement*, Kant examine un problème qu'il estime important au point de dire que sa solution est la clé de toute la critique du goût. Il s'agit

> « *De savoir si, dans le jugement de goût, le sentiment de plaisir précède l'appréciation qui juge de l'objet ou si c'est l'inverse.* »

Deux choses de nature différente sont associées ici : le plaisir et la communicabilité de ce plaisir à laquelle prétend le jugement de goût. Toute la question est de savoir laquelle entraîne l'autre. Un plaisir premier ne peut être qu'un plaisir des sens. Un plaisir esthétique ne peut être que second. Tout se passe comme si le plaisir esthétique (en tant qu'esthétique) avait pour condition subjective sa dimension d'universalité, du moins de communicabilité universelle. C'est la communicabilité universelle

---

1. *Ibid.*, § 56.

de la représentation impliquée dans le jugement de goût qui en est la condition subjective et, partant, qui fonde le jugement de goût. La question est maintenant de savoir ce qui me détermine à un jugement de goût, c'est-à-dire à un jugement dans lequel la capacité de communication universelle de mon état d'âme prime sur le plaisir que j'éprouve et surtout le détermine comme plaisir esthétique. Ce principe ne peut être qu'un certain rapport entre mes facultés représentatives, c'est-à-dire entre ces facultés par lesquelles un objet et sa connaissance peuvent m'être donnés, le sentiment, dit Kant, de leur *libre jeu*. Dans la connaissance, elles s'accordent selon des règles et des concepts (par lesquels un objet est donné et connu) et non librement. Ici, au contraire, l'accord des facultés représentatives s'opère librement, sans concept. Et c'est le sentiment de cet accord libre, de ce libre jeu, qui est le principe déterminant de la conscience d'une communicabilité universelle de mon jugement de goût et le principe déterminant du plaisir en tant que proprement esthétique.

Plaisir paradoxal parce que plaisir libre, désintéressé, le plaisir esthétique est décidément à l'opposé de l'agrément qui constitue le plaisir des sens. L'homme y éprouve le sentiment paradoxal d'une indépendance à l'égard de sa condition animale et sensible qui, ultime paradoxe, rapproche l'expérience esthétique de celle de la moralité.

Pour finir...

Réalité anthropologique indiscutable, le plaisir ne saurait pour autant, selon Kant, et au contraire de ce qu'affirmaient les sagesses antiques, se conjuguer avec la moralité qui ne connaît que la stricte loi du devoir. Le plaisir esthétique, s'il n'est en rien moral, constitue néanmoins, en raison de sa nature paradoxale, une expérience du désintéressement qui prépare à la moralité.

8 / **Bentham**

ou le plaisir utile

Pour commencer...

Jeremy Bentham (1748-1832) est le principal fondateur de l'utilitarisme moderne. Sa vie mérite d'être connue. Enfant précoce, il apprend à lire à trois ans, étudie sans tarder le latin et le grec, le dessin, la musique ; à dix ans, il lit Voltaire ; à douze ans, il intègre l'Université d'Oxford. *Bachelor of Arts* en 1763, il est admis en droit à Lincoln's Inn. En 1769, il est avocat. Il se consacre à ses lectures (Locke, Hume, Beccaria, Helvétius, etc.), à ses travaux juridiques et à l'écriture. En 1776, ses *Fragments sur le gouvernement* lancent une polémique retentissante sur la valeur des théories du droit naturel. Il fait aussi la critique des pratiques du droit : comme celui-ci est mal fondé et incohérent, ce sont en réalité les coutumes et les pratiques du métier – les difficultés de la procédure ! – qui font la loi, beaucoup plus que des principes rationnels ; ainsi les juristes font-ils leur beurre... Mais comment lutter contre les abus de pouvoir et contribuer plus efficacement à l'intérêt du plus grand nombre ? Pour Bentham, la réforme raisonnable devra être utilitariste.

Ayant rédigé une *Introduction aux principes de morale et de législation* (1789), il s'intéresse à la France révolutionnaire, et en 1792 acquiert la citoyenneté française. Il soumet aussi des projets à Frédéric II et à la Grande Catherine – sans succès. Il traverse la France, l'Italie, Constantinople, va en Crimée. Son frère ingénieur lui donne l'idée du « Panopticon », dispositif de surveillance économique pour des populations de travailleurs immigrés ou pour une population carcérale. Bentham, revenu en Angleterre, engage sa fortune dans ce projet, qui échoue ; le Parlement vote une indemnité qui le sauve de la ruine.

Devenu l'ami de James Mill, et secondé par son traducteur Etienne Dumont, il s'adresse non seulement aux souverains mais plus directement aux peuples, aux Portugais ou aux Français, mais aussi aux Américains (1817), et à toutes les nations qui manquent d'un code constitutionnel : Grèce, Turquie, Argentine, etc. En Angleterre, il organise le courant radical qui porte David Ricardo à la Chambre des Communes, et diffuse les idées utilitaristes à travers la *Westminster Review*.

Bentham est attentif à ce que l'ordre social peut acquérir par la législation : il plaide contre le droit d'aînesse et pour le droit de vote pour les femmes ; il débat en faveur de la liberté de la presse ; il réclame la dépénalisation de l'homosexualité ; il condamne l'esclavage et enjoint les puissances européennes, Angleterre, France, Espagne, à renoncer à la domination coloniale et à s'engager dans la pacification de leurs relations. Il introduit l'économie (les taux d'intérêt, l'inflation, le traitement de la pauvreté, etc.) dans le champ de la philosophie politique. Il meurt en 1832, peu après le vote du *Reform Bill* dont il était un grand inspirateur.

Pourquoi réformer la morale ?

La déontologie

Féru de droit, Bentham appelle d'abord de ses vœux l'avènement d'un « âge d'or de la science morale » : il entend par là le temps où « la bienveillance effective sera ramenée sous l'empire des lois déontologiques » et où le bonheur universel sera le point focal de tous les actes[1]. Définissons le bonheur : c'est « la possession du plaisir avec exemption de peine ». Bentham prend le parti de l'eudémonisme. De plus, selon Bentham, l'humanité à venir apprendra sans doute à éviter de gaspiller le plaisir et d'infliger des peines inutiles ; et « la puissance des récompenses rendra inutile, en grande partie, la puissance des châtiments[2]. » Pour cela, il importe d'organiser l'éducation, de préparer les esprits, selon les plans de la « chrestomathie », c'est-à-dire en veillant à remplir utilement l'emploi du temps, en privilégiant les matières utiles, en associant le jeu aux exercices méthodiques.

> « *La morale concerne d'abord chacun pour lui-même ; chacun a à en juger pour lui-même au cours de sa vie. C'est même un principe : nul n'est plus apte que l'individu lui-* »

---

1. *Déontologie* [désormais notée *D*], Ed. Encre Marine, 2006, p. 131.
2. *Ibid*.

même à savoir ce qui le rend heureux ; et vouloir faire le bien d'autrui sans son consentement est une usurpation[1]. »

Il est vrai que, dans la mesure où la morale échoue, il faut laisser jouer la sanction de l'opinion publique (le discrédit jeté sur le criminel), et appliquer les sanctions légales (les punitions physiques et financières) ; quant aux sanctions religieuses, elles sont inefficaces, puisque, selon Bentham, les jouissances et les souffrances de la vie future « ne nous représentent rien que nous puissions rapporter à nos idées de peine et de plaisir[2] ».

Une morale de l'intérêt

La question directrice, en morale comme en droit, est donc : qu'est-ce qui cause le plaisir et protège de la peine ? Ce *parti pris eudémoniste* contredit le discours des devoirs (« il faut parce qu'on doit ») ; il heurte manifestement les partisans du *principe de l'ascétisme* – qui associent le bien à la restriction des plaisirs. Mais l'opposition est-elle si brutale ?, demande Bentham. Sans doute pas ; c'est ce que montre l'analyse des arguments qu'on donne pour soutenir cette opposition.

Ainsi, les moralistes reculent souvent avec horreur quand on leur désigne le plaisir comme un principe moral ! Pourtant, ne sont-ils pas les premiers à encenser, sous des noms divers, les « plaisirs raffinés » de l'esprit, par opposition aux plaisirs corporels ?

Certes, pour faire barrage à l'influence de ceux-ci, le parti religieux va jusqu'à préconiser « la recherche de la douleur[3] ». Bref, si on comprend bien, la doctrine ascétique se justifie par la crainte que l'usage immodéré des plaisirs soit, au bout du compte, la cause de plus grandes douleurs ! Donc, remarque malicieusement Bentham, l'ascétisme n'est au fond qu'une « mauvaise application du principe d'utilité » !

Cependant, si on y réfléchit bien, il y a une véritable homogénéité entre l'intérêt et le devoir. Il est vain de déployer une pensée et

---

1. *D*, p. 413.
2. *D*, p. 81.
3. *Introduction aux principes de morale et de législation* [désormais notée *IPML*] II, 6, Ed. Vrin.

une morale des « devoirs », si l'on croit pouvoir isoler sous ce nom une réalité distincte des « intérêts » : en réalité, « à l'intérêt le devoir cédera toujours le pas ». S'il est vrai que la société rappelle à ses membres ce qu'ils lui doivent, elle ne sera entendue par eux que dans la mesure où elle les avertit ainsi de ce qu'ils ont intérêt à faire, et non si elle exige d'eux « le sacrifice de l'intérêt au devoir[1] ». Selon Bentham, il n'est pas difficile de se convaincre de la continuité, voire de la « coïncidence », de l'intérêt et du devoir.

L'homogénéité du plaisir et du devoir

Ce sont nos plaisirs et nos peines qui nous disent où est notre intérêt. Par conséquent, c'est bien à tort que l'ascétisme prescrit de sacrifier les plaisirs à la vertu : en réalité, dit malicieusement Bentham, si la chasteté ou la tempérance sont des vertus, c'est parce qu'au fond elles augmentent la jouissance ! S'ils avaient été lucides, les moralistes ascétiques auraient vu que la modestie même est « un raffinement de volupté » – de même qu'en cuisine un peu d'amertume et d'acidité créent les contrastes qui font jouir tout à fait de l'agrément d'un plat[2] ! Disons-le au passage : n'est-ce pas ce que comprennent excellemment les héros pervers des romans libertins ? ; et n'est-ce pas la raison pour laquelle l'innocence est la cible de leurs menées criminelles ?

De plus, les partisans de l'ascétisme font trop souvent un usage idéologique de la morale. Ainsi arrive-t-il souvent que les chefs politiques dressent la liste des impuretés morales, afin de multiplier les occasions de faire craindre au peuple d'être puni, et donc pour affermir indûment leur pouvoir. Bentham note que les partisans de l'ascétisme devraient se souvenir que, dans le domaine des irrégularités sexuelles « sur lequel Moïse légiféra avec une telle rudesse péremptoire, Jésus fait complet silence », tandis que Saint Paul « parla avec véhémence[3] ».

Préférons donc une saine culture des plaisirs. Plutôt que de s'en remettre à des prescriptions abstraites et autoritaires, il vaudrait mieux que chacun puisse écouter son sentiment propre. Certes,

---

1. *D*, p. 18.
2. *D*, p. 291.
3. *Défense de la liberté sexuelle*, Ed. Mille et une Nuits, p. 118.

chacun ne voit pas toujours exactement son intérêt là où il est. Mais en principe, si chacun agissait en connaissance de cause dans son intérêt véritable, il obtiendrait la plus grande somme de bien-être possible, et « l'humanité arriverait à la suprême félicité ». Si telle est la vertu, alors le vice consiste en revanche à faire « une estimation erronée de ses plaisirs et de ses peines[1] ».

La perspective utilitariste

La morale du plaisir généralisée dans le principe de l'utilité

Dans cette perspective, les vertus qui contribuent de manière décisive au bonheur sont la prudence et la bienveillance effective. Mais, selon Bentham, il serait plus clair et plus efficace de parler en termes d'utilité. L'hédonisme se systématise sous la forme de l'utilitarisme. Par définition, l'utilité est ce qui a la propriété de produire le plaisir et d'empêcher la peine. Une action est utile (ou au contraire inutile), et on peut l'approuver comme telle, si elle semble avoir la tendance à augmenter (ou à diminuer) le bonheur de quelqu'un, disons de la personne dont les intérêts sont en jeu. Bentham élève ce principe d'utilité en règle constante, en le référant de manière immédiate aux sentiments de plaisir et de peine, et dans le but « d'ériger l'édifice de la félicité au moyen de la raison et du droit ». Car, selon lui, « la nature a placé l'humanité sous le gouvernement de deux maîtres souverains, la douleur et le plaisir ». Ils sont souverains, quant à ce que nous pensons, disons et faisons, et ce, en un double sens : du côté des faits, ils permettent de comprendre « l'enchaînement des causes et des effets » ; et du côté des devoirs, ils définissent aussi « la norme du bien et du mal ». Bref,

> « *En toute rigueur, rien ne peut être dit bon ou mauvais, si ce n'est ou bien en soi-même, ce qui n'est que le cas de la douleur ou du plaisir, ou bien en raison de ses effets, ce*

---

1. *D*, p. 18.

qui n'est que le cas des choses qui causent ou empêchent
la douleur et le plaisir[1]. »

En ce sens, causer un bénéfice, des avantages, du plaisir ou du bonheur revient au même ; et il revient au même de dire qu'on empêche un dommage, une douleur, un mal ou un malheur. En vérité, ne peut-on dire qu'on va dans l'intérêt de quelqu'un, ou d'une collectivité, quand on augmente la somme totale de ses plaisirs ? En ce cas, le principe utilitariste pourra se formuler ainsi : est bonne l'action qui produit « le plus grand bonheur pour le plus grand nombre » ; c'est un objectif évident de la morale, c'est aussi une ambition et dont il est très difficile de trouver les critères d'application[2]. De même, la mission du droit, s'il veut être efficace, résulte de l'application du principe de la maximisation du bonheur : il faut en quelque sorte peser les peines et les plaisirs, et selon que les plateaux de la balance s'inclineront de l'un ou l'autre côté, cela décidera de la question du tort et du droit.

Mais, pourquoi les autres théoriciens ou les hommes en général ne définissent-ils pas de cette façon la morale et le droit ? Selon Bentham, voici bien un paradoxe : car même si la plupart des hommes appliquent couramment ce principe sans y penser, pourtant ils ne l'adoptent pas consciemment ni volontiers.

Le calcul des plaisirs

Les doctrines classiques du souverain bien font souvent des distinctions telles que celle-ci : les plaisirs de l'esprit sont nobles, ceux du corps sont ignobles. Mais Bentham récuse ce partage ; sur ce point encore, son argumentation se fait ironique :

> « *La vie de A. est remplie par les plaisirs, tous ignobles,*
> *tous vifs, et sans alliage de peines. Dans la vie de B., les*
> *plaisirs sont de la noble espèce, mais tous emmêlés de*
> *peines par lesquelles ils sont plus que contrebalancés.*

---

1. Successivement *IPML*, I, 1, p 25, et VIII, 13.
2. *D*, p. 231.

Laquelle de ces deux destinées choisirait un homme de bon sens[1] ? »

Admettons-le donc en principe : tous les plaisirs peuvent être recherchés, pourvu qu'ils contribuent au bonheur. Trop souvent, nous négligeons d'orienter l'usage de notre liberté en faveur du « bonheur général de la vie ». Nous devrions pratiquer simplement « la vertu qui produit le plaisir », en recueillant « ces parcelles de plaisir que chaque instant nous offre ». Par exemple, dit Bentham, l'usage de la parole donne toujours « l'occasion de conférer une jouissance ». L'homme est trop souvent stupide :

> *« [l'homme] étend la main pour saisir les étoiles, et oublie les fleurs qui sont à ses pieds, ces fleurs, si belles pourtant, si odorantes, si variées, si nombreuses[2] ».*

Or le bonheur n'est que la sommation de ces plaisirs occasionnels. L'homme cherche le plaisir ; et la déontologie « l'encourage dans cette recherche ; elle la reconnaît pour sage, honorable et vertueuse ; mais elle le conjure aussi de ne point se tromper dans ses calculs[3]. » Un ivrogne, par exemple, ne tarderait pas à découvrir qu'il achète trop cher le plaisir de la boisson.

Apprenons donc non seulement à poursuivre les plaisirs, mais à en juger, quelle que soit leur origine, spirituelle ou corporelle, en fonction de leurs qualités intrinsèques, et en fonction de leur durée. Il est inévitable de travailler à subvenir à ses besoins, de chercher dans l'accomplissement des efforts les plus élémentaires de la vie des satisfactions solides et substantielles. Mais nous ferions bien de noter que la condition la plus heureuse résulte de ce qu'on peut s'efforcer de parvenir aussi

> *« À ces jouissances additionnelles qui augmentent d'une manière si sensible la somme des plaisirs humains. Pour que leur jouissance soit portée au maximum, il faut que*

1. *D*, p. 40.
2. *D*, p. 269.
3. *D*, p. 114.

> *leur intensité actuelle n'affecte pas leur durée future,*
> *de manière à en diminuer, dans un avenir probable, la*
> *somme définitive[1]. »*

Il faut mesurer l'emploi que nous faisons de nos forces dans la poursuite des plaisirs, afin que nos jouissances présentes n'entravent pas notre capacité future d'avoir des expériences plaisantes ; ce qui compte, c'est la somme de toutes nos expériences de la vie. De plus, chacun dépend de ses semblables : il est donc nécessaire de s'attirer les bonnes grâces des autres, pour qu'ils ne nous infligent pas des peines, et pour qu'ils contribuent à nos plaisirs.

Quand il y a accord entre les prescriptions de la prudence et celles de la bienveillance, alors la ligne du devoir est clairement tracée. Mais quand il y a discordance – quand par exemple la prudence exige de s'abstenir de faire un acte de bienveillance, ou commande d'infliger une peine –, alors la moralité relève de l'arithmétique, et consiste dans « le sacrifice d'un moindre bien pour l'acquisition d'un plus grand[2] ».

L'utilitarisme transcende aussi les difficultés de l'égoïsme et de l'altruisme. Certes, chacun est responsable de la part de bonheur qu'il obtient de la vie. Mais la prudence et la bienveillance conseillent d'approuver qu'on rende à chacun tous les services possibles, car il en sortira pour tous un plus grand bien. Une difficulté surgit alors : car cette vertu de bienfaisance, aussi large soit son regard, ne peut s'exercer réellement que dans les limites restreintes des capacités de chacun. Il faut donc que la prudence limite la bienveillance. Chaque individu doit y prendre garde ;

> « *Car si chaque homme était disposé à sacrifier ses propres*
> *jouissances aux jouissances des autres, il est évident*
> *que la somme totale des jouissances serait diminuée, et*
> *même détruite. Le résultat serait non le bonheur, mais*
> *bien le malheur général[3]. »*

---

1. *D*, p. 315.
2. *D*, p. 321.
3. *D*, p. 151.

Bref, disons-le nettement: dans les relations à autrui, les qualités vertueuses de l'individu pris en lui-même peuvent se révéler nuisibles. Prenons encore un exemple: le sentiment de l'humanité peut porter quelqu'un à pardonner sa faute à autrui; mais s'il accorde son pardon au détriment de la justice, cet acte généreux a pour conséquence de susciter le sentiment d'impunité; autrement dit, si on exerce personnellement, donc arbitrairement, la vertu d'humanité, celle-ci devient réellement un vice néfaste. Ainsi, « l'humanité, pour être vertueuse, doit apprendre à calculer[1] ».

La connaissance des plaisirs

Il y a quatre sources distinctes des affects de plaisir et de douleur. Il y a d'abord les affects physiques, qui découlent de la nature. Ensuite, il y a les sanctions politiques et morales, qui dépendent du législateur et de l'opinion. Enfin, il y a les sanctions religieuses, qui sont ressenties soit dans la vie présente, soit dans la vie future, − mais d'une manière qui, note Bentham, reste fort obscure. Il importe au déontologue, comme au législateur, de comprendre la nature et la valeur du plaisir et de la douleur, qui sont les instruments avec lesquels le législateur doit agir.

Quatre facteurs sont à prendre en considération, selon Bentham : « l'intensité », plus ou moins grande, du plaisir, sa « durée », sa « certitude », c'est-à-dire le fait qu'il est plus ou moins mêlé d'incertitude, et la « proximité », ou l'éloignement, de sa réalisation. De plus, si l'on considère les actes qui produisent les plaisirs, on prendra aussi en compte leur « fécondité » (c'est-à-dire leur tendance probable à être suivis d'autres plaisirs ou douleurs) et leur « pureté » (car le plaisir produit peut être suivi de douleurs et inversement la douleur, de plaisirs).

Quand ils entrent en relation avec plusieurs personnes, plaisirs et douleurs doivent aussi être évalués en fonction de leur « portée » (le nombre de personnes qu'ils affectent). Tous ces facteurs doivent être évalués, afin de juger de la bonne ou mauvaise tendance de l'acte en question: à la fin, le bilan sera positif ou

---

1. *D*, p. 165.

négatif. Si plusieurs personnes sont en cause, il faut bien entendu faire la balance des bilans individuels pour juger de la tendance globale de l'acte, eu égard à la collectivité.

Bentham s'efforce de faire la liste des plaisirs possibles : ils viennent des sens, de la richesse, de l'habileté, de l'amitié, de la renommée, du pouvoir, de la piété, de la bienveillance ; ils viennent aussi de la malveillance, de la mémoire, de l'imagination, de l'espérance, enfin des plaisirs par association [ceux qu'on ressent par exemple lors du jeu d'échecs, par association avec le plaisir d'habileté], ou du soulagement. Et la liste des douleurs possibles (douleurs qui viennent de la privation, douleurs des sens, peines de maladresse, de l'inimitié, de la mauvaise renommée, de la piété, de la bienveillance [c'est-à-dire de compassion pour la douleur d'autrui], de la malveillance, de mémoire, d'imagination, d'espérance, et par association)[1].

La distinction entre les plaisirs peut se raffiner indéfiniment. Ainsi, par exemple, distinguera-t-on le plaisir pris en jouant de la musique et celui que ressent l'auditeur[2].

Comment il faut apprendre à jouir

L'individualisation des plaisirs

Certes, l'aptitude de chacun à ressentir plaisirs et douleurs est très variable ; l'éducateur et le législateur ne peuvent en juger aisément. La disposition au plaisir dépend du corps de chacun, de sa santé, de sa sensibilité morale, de son éducation, de ses talents, etc., mais aussi de ses occupations favorites. La constance (ou l'inconstance) avec laquelle une cause excitante persiste à affecter un sujet dépend des âges et des caractères.

> « *La facilité avec laquelle les enfants se fatiguent de leurs jouets et les jettent est un bon exemple de l'inconstance ;*

---

1. *IPML*, V.
2. *IPML*, p. 63, note c.

*la persévérance avec laquelle un marchand s'applique
à son commerce ou un auteur à son livre peut être prise
comme un exemple du contraire[1]. »*

Les circonstances naturelles et sociales modèlent notre expérience
du plaisir : par exemple, la gaieté découle d'abord d'un bon naturel,
mais aussi de l'exercice de la bienveillance, et elle est soutenue par
l'amitié. Au total, la conception que chacun se fait du plaisir qu'il doit
préférer ne saurait tout à fait rentrer dans le cadre d'une théorie.

*« Un paysan qui s'était abîmé les yeux à force de boire
alla chercher conseil chez un oculiste réputé. Il le trouva
à table, un verre de vin posé devant lui. "Vous devez
cesser de boire", dit l'oculiste. "Comment cela ?" répondit
le paysan, "vous-même, vous ne le faites pas, et il me
semble que vos yeux ne sont pas les meilleurs qui soient".
"C'est très vrai, mon bon ami", répondit l'oculiste, "mais
sachez que je préfère ma bouteille à mes yeux" »[2].*

La socialité du bonheur

Posons l'axiome que chaque portion de richesse a une portion
correspondante de bonheur – ou implique tout au moins une
chance de conduire au bonheur. Alors on pourra comprendre que
l'individu a intérêt à poursuivre ses plaisirs avec l'aide des autres
plutôt que de manière solitaire. La socialité de nos affections
retentit sur la définition de chacune d'elles. Par exemple, la
chasteté, vertu qui est souvent définie comme une attitude que
l'individu doit avoir envers lui-même, doit être redéfinie par
rapport à ses effets dans une perspective utilitariste :

*« La chasteté est l'action de s'abstenir des jouissances
sensuelles lorsque leur usage n'est pas permis, lorsqu'en
s'y livrant on produirait plus de peines à autrui que de
plaisir à soi-même[3]. »*

1. *IPML*, VI, 15, note i.
2. *IPML*, p 332, note m.
3. *D*, p. 181.

Le savoir-vivre est l'aptitude, constamment nécessaire, de s'abstenir de faire de la peine à autrui. Quant aux questions de goût, elles relèvent d'abord de la sensibilité personnelle et elles doivent d'abord contribuer à révéler à l'individu ce qu'il est. Mais il ne faut pas oublier qu'elles sont aussi l'occasion de controverses pénibles, et enclenchent parfois un déchaînement de malveillance[1].

De manière générale, l'obligation de calculer l'effet des plaisirs s'applique à leur caractère social : il faut établir un équilibre, toujours délicat, entre les affections sociales et les affections dissociales.

> « L'omniprésence de l'affection personnelle et son union intime avec l'affection sociale forment la base de toute saine moralité. Que dans la nature de l'homme il existe certaines affections dissociales, ce fait, loin de nuire aux intérêts de la vertu, constitue au contraire, une de ses sécurités les plus grandes. Les affections sociales sont les instruments par lesquels le plaisir est communiqué à autrui, les affections dissociales sont celles qui tiennent en échec les affections sociales, quand il s'agit de faire à la bienfaisance plus de sacrifices que n'en autorise la prudence ; en d'autres termes, quand la somme de bonheur, perdue pour nous, doit excéder celle que doivent gagner les autres[2]. »

Le plaisir sexuel

De tous les plaisirs, lequel est le plus intense, le plus recherché, lequel donne lieu à des comportements malencontreux ? Ce sont incontestablement – même si l'on tient compte des extravagances des artistes et de la débauche consumériste – les plaisirs sexuels, qui sont aussi parmi les plus répandus. Mettons à part les pratiques masturbatoires solitaires, qui découlent de la recherche du plaisir, mais qui procèdent de la dénégation du sexuel. Faut-il proscrire absolument les formes de la sexualité qui s'écartent de

---

1. *D*, p. 134.
2. *D*, p. 246.

la norme traditionnelle ? Bentham prête intérêt aux actes « contre nature », ou désignés comme tels. Ainsi s'interroge-t-il sur les raisons de condamner la « pédérastie » (c'est le mot par lequel il désigne l'acte sexuel accompli avec un « sexe erroné », autrement dit l'acte homosexuel). La pédérastie, dit-il, est classée sous le titre des « abominations » qui « visent à procurer certaines sensations à l'aide d'un objet impropre ». Elle n'en cause pas moins incontestablement du plaisir, et Bentham la lave des accusations de causer un trouble à l'ordre public[1].

Cependant, ce plaisir ne fait-il pas partie des délits contre soi-même, des délits d'imprudence, comme le soulignent ceux qui y voient la cause d'une débilité précoce ? Pour répondre à cette mise en cause, Bentham se lance alors dans une enquête historique : qu'en est-il chez les Anciens, chez les Romains, les Grecs ? Voit-on que la pédérastie ait produit une débilitation de l'individu antique ? La pédérastie aurait-elle été, plus que l'acte hétérosexuel, une cause de débilité, de « vieillesse infâme » et de diminution de la « force publique » ? Bentham ne voit pas de raison de répondre positivement à ces questions, et cite abondamment à ce propos Socrate et Cicéron. De plus, pour compléter sa défense de l'homosexualité, Bentham développe aussi des considérations sociales : son argument est que l'on ne peut pas craindre que la liberté laissée à la relation homosexuelle puisse provoquer un accroissement de la violence ; selon lui, cette liberté ne saurait non plus léser la partie féminine de la population. Au demeurant, la relation d'un homme avec un autre homme n'est pas souvent durable :

> « Il en a été des Romains comme il en va de nous : ce qui retenait un homme de se marier n'était pas sa préférence pour les garçons plutôt que pour les femmes, mais sa préférence de la commodité d'une relation passagère plutôt que le coût et le risque d'une relation durable[2]. »

---

1. *Défense de la liberté sexuelle*, p. 10.
2. *Ibid.*, p. 33 et 35.

Enfin, Bentham souligne qu'il importe surtout, plutôt que de faire la liste des façons de prendre du plaisir sexuel, et de s'empresser d'en condamner certaines, de distinguer les cas où l'acte est accompli avec le consentement des personnes, et les cas où le consentement fait défaut.

Une sexualité vraiment libre

La façon dont Bentham traite des questions morales liées à l'usage du corps et à la sexualité prépare les thèses d'une philosophie morale qui ne se réfère pas d'abord à des règles prescriptives, mais à l'expérience que chacun fait de sa propre liberté. Ainsi, dans *De la liberté*, John Stuart Mill, le fils de James Mill, soutient qu'une communauté civilisée ne peut avoir aucune raison légitime d'user de la force pour contraindre un individu, sinon pour l'empêcher de nuire à autrui. Ce sont aujourd'hui les partisans d'une morale minimale qui s'inspirent de cette critique libérale du paternalisme. En quoi consisterait une sexualité vraiment libre ? Comme le dit Bentham, la distinction entre les plaisirs nobles et les plaisirs ignobles perd de sa pertinence quand on définit la morale comme obtention du plus grand bonheur possible.

« Quelles sont les raisons de mettre nos capacités à donner du plaisir sexuel à la disposition d'autrui au lieu de les garder pour nous-mêmes ?

On peut le faire dans une logique d'échange, c'est-à-dire parce qu'il y a quelque chose à gagner en contrepartie : de l'amour, de la gratitude, du plaisir sexuel, de l'admiration pour sa beauté ou ses talents au lit, des enfants, un partenaire pour la vie, de l'argent, une aide pour déménager ou repeindre son appartement, etc.

Mais on peut le faire aussi dans une logique du don, sans rien attendre en retour, même pas du plaisir sexuel : parce qu'on aime absolument comme on peut aimer Dieu ou une star, parce qu'on veut donner tout ce qu'on possède, parce qu'on a le sentiment que c'est son devoir, parce qu'on est complètement séduit physiquement ou moralement, etc.[1] »

Les vertus de la contemplation

Le plaisir de la promenade dans la campagne
Bentham donne un exemple pour montrer comment un plaisir complexe résulte de l'association de plaisirs simples : les plaisirs pris à la contemplation d'un paysage rural.

Quel plaisir peut rivaliser avec la promenade ?
Voici le témoignage de la naissance du goût pour les paysages, dont on a aussi un écho chez Rousseau, dans *La Nouvelle Héloïse*, ou dans le poème *La promenade* (1795), de Schiller, et plus tard dans le *Voyage en France* de Victor-Eugène Ardouin-Dumazet, par exemple.
« Les plaisirs perçus par l'œil ou l'oreille sont généralement très complexes. Les plaisirs d'un paysage rural, par exemple, sont d'habitude constitués, entre autres, des plaisirs suivants. I. Plaisirs des sens. 1. Les plaisirs simples de la vue, suscités par la perception de couleurs et de formes agréables, de champs verdoyants, de feuillage frémissant, d'eau miroitante et autres. 2. Les plaisirs simples de l'oreille, suscités par les perceptions du gazouillement des oiseaux, du murmure des eaux et du bruissement du vent parmi les arbres. 3. Les plaisirs de l'odorat, suscités par les perceptions du parfum des fleurs, du foin fraîchement coupé, ou autres substances végétales, au premier stade de fermentation. 4. La sensation intérieure agréable suscitée par une circulation rapide du sang et la ventilation qui s'ensuit

---

1. Ruwen Ogien, *L'influence de l'odeur des croissants chauds sur la bonté humaine*, Ed. Grasset, p. 192 (rééd. Livre de Poche).

des poumons par l'air pur, plus fréquent à la campagne que dans les villes. II. Plaisirs de l'imagination produits par association. 1. L'idée d'abondance qui dérive de la possession d'objets qui sont sous les yeux et le bonheur qui en découle. 2. L'idée de l'innocence et du bonheur des oiseaux, moutons, vaches, chiens et autres animaux doux ou domestiques. 3. L'idée que toutes ces créatures jouissent d'un flux constant de santé : cette notion est susceptible d'être dérivée du flux occasionnel de bonne santé dans lequel se trouve le spectateur en question. 4. L'idée de gratitude suscitée par la contemplation de l'Être tout-puissant et bienveillant, qui est vénéré comme l'auteur de ces bienfaits[1]. »

Loin des prescriptions d'une morale des lois et des interdits, c'est la richesse intrinsèque du plaisir qui plaide finalement le mieux pour les vertus de la piété.

Pour finir...

Bentham a été le pionnier d'une manière de penser, dite utilitariste, qui a joué un rôle majeur dans l'idéologie de l'économie moderne. Mais sa pensée éthique constitue en même temps un contrepoids indispensable aux dérives technocratiques de la pensée libérale. Car l'utilité personnelle et publique, si elle doit être portée à son maximum, n'est pas l'objet de calculs, de statistiques et d'experts : elle procède de l'attention que chacun accorde aux plaisirs et aux peines de tous, et de la responsabilité dont la société est comptable envers chacun.

---

1. *IPML*, chapitre V, note p. 70.

9/ **Freud**
ou sortir de l'éthique ?

Pour commencer...

Sigmund Freud est né le 6 mai 1856 à Freiberg en Moravie (actuelle République tchèque) dans une famille juive et est mort à Londres le 23 septembre 1939 où il a émigré avec sa famille pour échapper au nazisme. Son père, Jakob Freud, est négociant en tissus. Ses mauvaises affaires l'amènent à émigrer à Vienne où le petit Sigmund arrive en 1859. Élève brillant et très attiré par la philosophie, après avoir longtemps hésité, il finit par s'orienter vers des études de médecine. Passionné par la biologie, il se destine à une carrière de chercheur, mais son mariage avec Martha Bernays et la nécessité de faire vivre sa famille le conduisent à s'engager — au départ contre son gré — dans la carrière de médecin praticien. Son intérêt jamais démenti pour la neurologie et tout particulièrement l'anatomopathologie cérébrale l'amène à s'intéresser à la psychiatrie : il fait plusieurs séjours chez les plus grands neurologues de l'époque, notamment chez Charcot à la Salpêtrière à Paris et chez le professeur Bernheim à Nancy. De retour à Vienne, il ouvre un cabinet où il reçoit une clientèle privée, au départ essentiellement des jeunes femmes souffrant d'hystérie, ce qui l'amena à publier ses *Études sur l'hystérie* (1895) avec son ami J. Breuer.

Freud se montre toute sa vie un travailleur acharné, tant sur le plan de la clinique (il reçoit de très nombreux patients chaque jour) que dans sa recherche théorique. Il consacre de nombreuses heures de ses nuits à la rédaction d'ouvrages, d'articles ainsi qu'à l'écriture d'une très nombreuse correspondance.

Ses débuts dans la « carrière » scientifique, très marqués par l'étude des tissus sexuels et fibres nerveuses, notamment chez les lamproies (sortes d'anguilles), vont fortement influencer son approche du fonctionnement de l'appareil psychique et du plaisir : la tentation biologiste est extrêmement forte chez Freud pour tout ce qui concerne la genèse et le fonctionnement de l'appareil psychique. Il donnera du plaisir une analyse complexe, très marquée par les théories biologiques et darwinistes de l'époque, et qui évoluera au fur et à mesure de l'élaboration de sa théorie « métapsychologique »[1]. L'importance qu'il accorde aux instincts sexuels et à la sexualité infantile ainsi que l'accent mis sur le rôle pathogène du refoulement des désirs sexuels font que l'on présente souvent Freud comme un hédoniste : Freud serait un libérateur des instincts sexuels et partisan d'une pratique des plaisirs très libre. On verra qu'il y a là une vision parfaitement réductrice, mais surtout erronée, de la théorie freudienne.

Le plaisir est une expérience humaine fondatrice : ce qui le rend fascinant, selon Freud, c'est qu'il se trouve au carrefour entre nature et culture. Si, pour vivre, l'homme doit satisfaire ses besoins vitaux, cette expérience de satisfaction le met nécessairement en relation avec les autres, ce qui déplace l'exercice du plaisir sur le terrain de la morale et de l'éthique. Mais le propos de Freud, comme celui de la psychanalyse d'ailleurs, n'est jamais directement moral, puisqu'il s'agit d'éclairer le fonctionnement de phénomènes psychiques et tout particulièrement ceux de l'inconscient. Lacan dira cependant que la psychanalyse comme pratique, précisément parce qu'elle tente de comprendre et de soigner les pathologies psychiques – y compris dans le domaine de l'exercice du plaisir – est nécessairement éthique. La question du plaisir se trouve au centre de la métapsychologie freudienne depuis la réflexion teintée de biologisme sur les origines de la psyché jusque dans l'anthropologie psychanalytique développée par Freud quant à l'usage sublimé du plaisir dans la culture.

La métapsychologie contre le plaisir ?

La métapsychologie est un terme inventé par Freud désignant toutes les tentatives d'élaboration et d'élucidation théorique de la psychologie prenant en compte l'inconscient. La métapsychologie – qui se veut un renouveau ou plutôt une « réforme » de la psychologie « générale » – évolue tout au

---

1. Voir ci-dessous la définition.

long de l'œuvre de Freud. Elle comprend une description de « l'appareil psychique » et des processus psychiques dans ses aspects « topiques » (tentative de figuration et de localisation des différentes instances de l'appareil psychique), « économiques » et particulièrement « quantitatifs » (mesure et régulation des énergies psychiques et de leurs circulations ou échanges entre l'intérieur de l'appareil et l'extérieur) ; et enfin « dynamiques » : il s'agit par exemple de décrire les mouvements du refoulement et les différents investissements des objets.

Le plaisir est un éprouvé fondamental, peut-être même une épreuve dans l'expérience humaine, et il affecte l'être humain aussi bien sur le plan biologique que sur le plan psychique, bien en deçà de la sexualité proprement dite, c'est-à-dire dès la prime enfance. Freud rencontre nécessairement le plaisir sur la voie de son exploration de l'appareil psychique dès 1895 tant sur le plan clinique que sur le plan de la théorisation : il y apparaît comme une menace pour le Moi, et celui-ci se construit sur une défense contre « l'épreuve » du plaisir. Pour théoriser le plaisir, Freud fait appel à la fiction d'un appareil psychique qui gère les excitations endogènes et externes.

Toute la théorie du plaisir est orientée dans une perspective à la fois économique et mécaniste qui traduit la volonté de Freud d'adopter une perspective scientifique qui, comme le signale Monique Schneider[1], pourrait bien être le mode de défense spécifique de Freud contre le plaisir : élaborer théoriquement pour se défendre contre la menace d'être emporté par celui-ci. Toute la question sera de savoir si cette approche descriptive, perpétuellement remaniée tout au long de l'œuvre freudienne, qui ne définit jamais clairement ce qu'est le plaisir et qui n'est pas dogmatique, permet de parler d'une éthique freudienne du plaisir.

1. Monique Schneider, *Freud et le plaisir*, Denoël, 1980.

Du plaisir du nourrisson à la séduction de l'hystérique : la naissance de la psychanalyse

L'*Esquisse d'une psychologie scientifique* (1895), le premier temps de la métapsychologie (ou le temps pré-psychanalytique)

Cette période est en réalité la préhistoire de la psychanalyse. Elle se situe entre 1895 et 1900 (*L'Interprétation des rêves*). Freud fait son autoanalyse (en 1896) et commence l'étude de l'hystérie. Dans sa correspondance avec W. Fliess, oto-rhino-laryngologiste berlinois, Freud tente sa première théorie de l'appareil psychique et envoie ces essais à son ami. Il s'agit donc plutôt d'un projet qu'il ne publiera jamais et même qu'il renie, qui s'intitule en allemand *Entwurf einer Psychologie* (1895). Freud la destine aux neurologues, marquant ainsi son rejet de la psychologie traditionnelle issue de la philosophie (c'est pourquoi on la traduit en français par *Esquisse d'une psychologie scientifique*)[1].

Dans *l'Esquisse* Freud fait du plaisir un processus psycho-biologique dont l'expérience de satisfaction du nourrisson est à la fois le paradigme et l'origine. En effet, le nourrisson désemparé dans la situation de *l'hilflosigkeit* (littéralement la désaide) ne peut subvenir à ses propres besoins vitaux. Plongé dans cet état de détresse, le nourrisson est soumis à l'autre proche et « bien au courant » (le *Nebenmensch*, souvent la mère) qui va répondre à son cri et lui apporter la satisfaction, apaiser sa faim. C'est en passant par cette succession d'éprouvés de déplaisir puis de plaisir que se construit le Moi dans son rapport avec la réalité (l'objet/la mère) et donc que se construit également l'objet en tant que tel. Dans le même temps, ce recours à l'autre, ce passage nécessaire par l'objet pour la satisfaction, introduit l'enfant au mécanisme de la « compréhension mutuelle » :

---

1. Cette esquisse figure parmi les papiers de sa correspondance avec Fliess. On la trouve dans *Naissance de la psychanalyse*, PUF, pp. 315-396.

*« L'impuissance originelle de l'être humain devient ainsi
la source première de tous les motifs moraux[1]. »*

L'épreuve de la satisfaction permet donc de surcroît et, pourrait-on dire secondairement, la naissance de l'éthique chez l'être humain ET dégage l'objet en tant que tel, donc la perception de la réalité extérieure. Ces deux éléments font que l'épreuve de satisfaction constitue le fondement de l'appréhension du plaisir par l'être humain. Tous les plaisirs ultérieurs seront en quelque sorte mesurés, étalonnés, à l'aune de cette expérience qui laisse en lui une trace indélébile et qu'au fond il ne cesse de rechercher même si, comme le souligne Lacan, l'objet premier est irrémédiablement perdu. Freud ne démentira jamais le rôle fondateur de cette expérience originaire de la satisfaction sur laquelle va se greffer, dès la sexualité infantile, l'expérience de séduction par la mère (ou la nourrice) puis par le père.

La théorie de la séduction, la *neurotica*, ou « l'invention » de l'hystérique

Le rôle du séducteur et du fantasme dans le plaisir va être indiqué à Freud grâce à son intérêt pour la clinique de l'hystérie.

La question de la séduction apparaît elle aussi très tôt dans l'élaboration théorique freudienne. Freud en fait tout d'abord la scène primitive de la névrose de l'hystérique : celle-ci a subi une excitation sexuelle qu'elle ne cesse de rejouer et en même temps de refouler sur la « scène » de l'inconscient, sur son théâtre, personnel et social à la fois. C'est cette scène fondatrice que Freud traque d'abord par sa *neurotica* (théorie primitive de l'étiologie hystérique par l'hypothèse de la séduction réelle de la toute jeune fille par le père ou un adulte faisant figure paternelle, hypothèse traumatique donc) puis qu'il abandonne au profit du rôle du fantasme de séduction et de la découverte de l'Œdipe.

C'est cette séduction qui se rejoue dans le transfert lors de la cure : parfois malgré le psychanalyste – et aux dépens de lui

---

1. *Ibid*, p. 336. C'est Freud qui souligne.

—, tant que Freud n'a pas pensé la théorie du transfert[1]. Freud traite ses patientes avec la même « cruauté » que le libertin – ou l'inquisiteur – traquant les souvenirs, les traces sur le corps, les récits d'événements traumatiques, les aveux. La séduction – réelle ou fantasmée – de l'hystérique est donc essentielle puisqu'elle permet d'articuler le plaisir avec la culpabilité. Cette dernière prend le devant de toute la scène dans l'analyse des hystériques, ce qui prouve d'une manière ou d'une autre l'étiologie sexuelle ou psychosexuelle de cette névrose.

Vienne, 23-24 juillet 1895, le rêve de l'injection faite à Irma
Ou L'arroseur arrosé (le psychanalyste séduit à son tour)

La culpabilité n'est pas l'apanage de l'hystérique et elle peut - comme la séduction - se retourner contre le médecin lui-même. Si l'hystérique a été victime d'une séduction, on peut dire que Freud lui-même a été « séduit » par les hystériques.

Un des rêves de Freud les plus célèbres, raconté dans le chapitre II de *L'Interprétation du rêve*, marque à double titre la naissance de la psychanalyse : il prouve d'une part de façon magistrale que la séduction, le plaisir et la culpabilité sont au cœur de la relation entre le psychanalyste et sa patiente ; d'autre part que le rêve est la voie royale vers l'inconscient. *Rêve* : Freud reçoit pour l'anniversaire de sa femme Martha. Les invités sont des collègues qui sont aussi les amis de Freud, et parmi les invités figure une patiente de Freud, Irma, qui fait partie des amies de la famille. Irma est une mauvaise patiente : elle refuse d'accepter la « solution » proposée par Freud. Toute la responsabilité de sa « maladie » lui revient.

---

1. Voir *Études sur l'hystérie* (1895) et, dans *Cinq Psychanalyses* « Fragments d'une analyse d'hystérie » (1900), l'échec de Freud avec Dora.

Cependant elle se plaint à Freud de douleurs atroces à la gorge et au ventre. Comme elle a l'air pâle et bouffie, Freud la prend à part pour l'examiner. Il lui fait ouvrir la bouche et constate qu'elle présente des formations diphtériques blanches. Il appelle d'autres collègues pour l'examiner. Ceux-ci posent des diagnostics étranges et des « solutions » encore plus étranges. C'est alors que Freud « voi[t] en caractères gras devant [lui] (le rêve a un côté hallucinatoire à ce moment précis) la formule du triméthylamine[1]. Le rêve se termine par l'idée que l'ami Otto, un collègue de Freud, a dû faire à la patiente une « injection » avec une seringue malpropre... ce qui finalement soulage Freud de toute responsabilité.

Le rêve est une élaboration onirique sur la culpabilité : la faute d'Irma, refuser la « solution » proposée par Freud (à savoir se remarier après son veuvage), n'est que le double de celle ressentie par Freud qui tente de s'en disculper sur ses confrères. De quoi souffre-t-elle et quelle faute a commise Freud pour qu'elle soit ainsi toujours malade ? Cette faute qui repose sur l'éthique médicale – le médecin doit tout faire pour soigner sa malade – peut en cacher une autre, plus « intime » et plus délicate à avouer dans l'analyse du rêve. Elle est d'ailleurs passée sous silence dans le commentaire. On sent que l'essentiel du rêve tourne autour des relations entre Freud et Irma, surtout lorsqu'elle ouvre la bouche et que Freud regarde à l'intérieur – moment fortement dramatisé dans le récit du rêve.

Ce qui se joue sur la scène de ce rêve, c'est la force proprement fascinante du symptôme hystérique qui vient « saisir » ou happer littéralement Freud, ou pour le dire autrement, la force *Unheimlich* du corps féminin comme intériorité, comme lieu

---

1 Principe actif dans la chimie sexuelle. Freud en ferait-il la molécule du plaisir ? La formule apparaissant sur « l'écran » du rêve souligne le rôle du signifiant et de la lettre : la « solution » – exprimée par le rêve – est une sortie du biologisme et du somatique par le signifiant et le symbolique.

d'investigation scientifique... ou comme gouffre. La dimension scientifique, incarnée *in fine* par la formule du triméthylamine, vient à point nommé comme une « solution », une formation réactionnelle défensive efficace pour contenir l'angoisse générée par cette bouche féminine. Les enjeux du rêve tournent donc principalement autour de la conjuration de l'horreur du plaisir ET de sa force *Unheimlich*, inquiétante étrangeté provoquée par le corps et les symptômes féminins.

C'est l'hallucination de la formule chimique du triméthylamine qui montre la voie à Freud. La lettre ouvre sur la dimension symbolique du désir et de la sexualité : la substance chimique du plaisir (triméthylamine), traduite sur l'écran du rêve par quelques lettres qui passent au tamis le plaisir et son énigme. Grâce à l'écriture scientifique, l'hallucination de la formule conjure l'angoisse du corps féminin et sans doute l'angoisse du plaisir que peut éventuellement procurer ce corps, le corps chimique venant se substituer au corps-symptôme, lui-même équivalent du corps-plaisir. On peut donc lire ce rêve comme le déclencheur du long mouvement de recouvrement et d'élaboration théorique CONTRE le plaisir : Freud va élaborer la métapsychologie pour colmater l'angoisse suscitée tant par la femme que par le plaisir. Le rêve ne porte-t-il pas finalement sur la peur du désir : que veut la femme, que désire-t-elle et que désire Freud de la femme ?

Ce rêve pourrait être l'emblème de toute la théorie freudienne : se défendre contre la séduction et la volupté abyssale qui sont assimilées à une perdition par la femme. C'est ce que pense Monique Schneider[1] : l'élaboration théorique joue chez Freud le rôle d'un refoulement du corps féminin et surtout du corps maternel.

---

1. Voir note 1 p. 184.

De ces deux points d'accroche de la pensée freudienne, l'approche physiologique quasiment mécaniste de l'*Entwurf* et l'approche clinique des névrosés dans les *Études sur l'hystérie* puis dans *L'Interprétation du rêve*, c'est une seule et même question qui hante peut-on dire le cerveau de Freud : le rapport conflictuel de l'être humain avec le monde qui l'entoure et avec le plaisir. Le névrosé est en conflit avec le réel. C'est par l'intermédiaire du symptôme, et tout particulièrement celui de l'hystérique, que Freud va rencontrer, comme d'autres avant lui, Aristote, Epictète, Sénèque, cette question du rapport de l'être humain au plaisir. Mais cela le mènera-t-il comme ses illustres prédécesseurs à une réflexion éthique ? C'est la question que nous allons envisager en étudiant ce couplage célèbre du principe de plaisir au principe de réalité.

Du *Lustprinzip* à l'au-delà du principe de plaisir

Le principe de plaisir

La notion de principe de plaisir est empruntée à Fechner (philosophe et psychologue allemand de formation médicale, 1801-1887) dont les études, portant notamment sur la mesure des excitations, ont fortement influencé Freud. Selon la théorie freudienne, le rôle du principe de plaisir est l'essentiel de l'activité psychique :

> « *[...] l'ensemble de l'activité psychique a pour but d'éviter le déplaisir et de procurer le plaisir. En tant que le déplaisir est lié à l'augmentation des quantités d'excitation et le plaisir à leur réduction, le principe de plaisir est un principe économique*[1] ».

Cette définition de Laplanche et Pontalis le montre assez : pour Freud, le processus plaisir-déplaisir est d'abord une question d'ordre économique, donc de gestion de quantité d'excitations

---

1. Laplanche et Pontalis, *Vocabulaire de la psychanalyse,* 1967, rééd. 2002, PUF, coll. « Quadrige », pp. 332-333.

tant internes qu'externes. Ce que l'appareil psychique vise est la fin du déplaisir et non le plaisir en soi.

Le principe de plaisir se définit dans un premier temps comme la fin du déplaisir, c'est-à-dire la réduction de la quantité d'excitations supposées porter atteinte au principe de constance (principe de *tendance à la stabilité* posé par Fechner), donc au bien-être du Moi.

Autrement dit, Freud ne définit pas clairement les qualités propres au couple plaisir-déplaisir et il admet que ce fonctionnement économique mettant en avant la maîtrise des excitations est une hypothèse loin de rendre compte de la complexité du plaisir pour le psychisme[1]. D'autant plus complexe que l'interprétation donnée par Freud au but du principe de plaisir varie : il ne tranche pas entre deux hypothèses. Soit il s'agit de réduire à néant les tensions et les excitations, ce qui fait du principe de plaisir l'équivalent du principe de Nirvana – ou de l'ataraxie du sage épicurien. Dans ce cas on verra que le principe de plaisir peut se confondre avec la pulsion de mort. Soit il s'agit de maintenir constant le niveau d'excitation, ce qui est bien différent :

> « ... *l'appareil psychique a une tendance à maintenir aussi bas que possible la quantité d'excitation présente en lui ou du moins à la maintenir constante. Ce n'est qu'une autre formulation du principe de plaisir*[2] ».

Quoi qu'il en soit (réduction à zéro ou maintien de la quantité), le principe de plaisir est ce qui organise de façon quasi automatique la décharge pulsionnelle au niveau inconscient.

Le principe de réalité

Dans la psychogenèse (c'est-à-dire dans l'histoire de la formation du psychisme), le principe de réalité est second. En effet, peu

---

1. Là-dessus, voir S. Freud (1900), *L'Interprétation du rêve*, O.C. Vol IV, tr. A. Bourguignon, PUF, 2004, pp .629 et 654-655 et S. Freud (1915) « Pulsions et Destins de pulsions » in *Métapsychologie,* Ed. Gallimard, coll. « Folio essais », tr. Laplanche et Pontalis, 1968, p. 17.
2. Voir *Au-delà du principe de plaisir*, in *Essais de psychanalyse,* Payot, tr. A. Bourguignon, 1981, rééd. 2001, pp. 50-51.

à peu, le Moi va prendre en compte la réalité (développement adaptatif du psychisme) et accepter d'obtenir satisfaction par des voies plus détournées (le détour par l'objet premier, le sein ou la nourriture, en est le paradigme et le modèle). Au lieu de chercher la satisfaction par les voies hallucinatoires, le Moi va chercher la satisfaction au-dehors : c'est le principe de réalité qui met le Moi sur la voie de l'objet.

Le principe de réalité n'est pas antagoniste du principe de plaisir : il le complète et se met lui aussi au service de la satisfaction. Le Moi peut alors accepter de retarder la satisfaction en mettant en œuvre des stratégies (pensées, actions) et accepter le déplaisir qu'entraîne ce retard. En revanche, il y a vraiment conflit entre le Moi et les pulsions sexuelles, ces dernières prenant le réel en compte plus difficilement que les pulsions d'auto-conversation. C'est ce conflit psychique entre le Moi et le refoulé que traduisent la névrose et le symptôme.

Au-delà du principe de plaisir ? La pulsion de mort et la compulsion à la répétition

Pourquoi en 1920 Freud envisage-t-il soudain un « au-delà » à ce principe de plaisir dont il ne cesse pourtant de déclarer qu'il est le principe universel de fonctionnement de l'appareil psychique ? Freud part de l'insistance d'un fait clinique causé par la guerre et qui remet en question aussi la théorie freudienne du fonctionnement du rêve : si le rêve est, comme il le déclare dès *L'Interprétation du rêve*, la réalisation d'un désir inconscient et si le principe de plaisir est vraiment le maître du fonctionnement de l'appareil psychique, comment expliquer le retour des cauchemars des traumatisés de guerre, retour qui laisse ceux-ci dans une grande souffrance ? Freud cherche donc si des tendances « plus originaires » que le principe de plaisir et « indépendantes de lui » seraient à l'œuvre dans les rêves des traumatisés de guerre. Pour répondre, Freud fait appel à une nouvelle observation : celle de son petit-fils Ernst.

Ernst ou l'enfant du plaisir

Freud observe chez Ernst, âgé de dix-huit mois, le jeu de la bobine, plus connu sous le nom du jeu du *fort-da* (en allemand « parti(e) – la voilà revenu(e)) ». L'enfant se livre à ce jeu répétitif, il lance une bobine au loin puis la récupère pour la relancer à nouveau, tout en manifestant sa grande satisfaction. C'est à partir de ce jeu que Freud infère une pulsion de répétition sans que celle-ci soit en contradiction avec le principe de plaisir puisque Freud admet que la répétition dans le jeu peut procurer du plaisir à l'enfant[1].

C'est en observant la compulsion de répétition à l'intérieur de la cure comme facteur s'opposant à la guérison que Freud va la radicaliser et la relier à cette pulsion « au-delà du principe de plaisir » qu'est la pulsion de mort : « [c'est la] pulsion caractéristique du vivant dans son ensemble », une « poussée inhérente à l'organisme vivant vers le rétablissement d'un état antérieur », retour à un état inanimé, puisque le but de toute vie est la mort et [...] le non-vivant était là avant le vivant[2] ».

Ainsi apparaît la pulsion de mort, cette pulsion originaire et fondatrice du vivant en tant que tel qui viendrait donc transcender le principe de plaisir. Freud insiste sur un paradoxe essentiel : le préjugé veut que le vivant soit caractérisé par ses capacités à se transformer, or Freud souligne ici au contraire la nature *conservatrice du vivant*[3] en faisant appel à des remarques issues de l'éthologie animale : on voit que la pulsion de mort chez Freud se rapproche de l'instinct[4].

Freud, en radicalisant le principe de Nirvana relu par Schopenhauer, écrit qu'il « exprime la tendance de la pulsion de mort », c'est-à-dire le retour à l'état inanimé du vivant, soit la réduction à zéro des excitations.

---

1. *Au-delà du principe de plaisir* (1920), in *Essais de psychanalyse*, Payot, pp. 58-61.
2. *Ibid.*, p. 91.
3. *Ibid.*, p. 89.
4. On se souviendra qu'en allemand, *Trieb* signifie à la fois « pulsion » et « instinct », là où le français distingue les deux notions.

Le plaisir *Unheimlich*

Le plaisir et l'autre

Le plaisir dans sa limite extrême a un pouvoir de dépersonnalisation puisque l'expérience du plaisir est inséparable d'une métamorphose du Moi qui va annexer les objets sources de plaisir.

> « *C'est cet étrange statut de l'autre au sein de l'expérience du plaisir que Freud veut corriger et annuler en assurant à l'enfant non seulement l'accès à la toute-puissance éprouvée (maîtrise des excitations) mais encore le pouvoir de l'initiative*[1]. [...] *L'expérience du plaisir comporterait en son sein un risque d'illimitation, de démantèlement des frontières identitaires*[2]. »

Dans cette idée du plaisir comme menace, Freud renouvelle le thème célèbre de la séduction mortifère ou de la perdition par la femme, que l'on trouve aussi bien dans la littérature dès l'Antiquité (dans l'*Odyssée*, l'épisode d'Ulysse et les sirènes, ou celui de la sorcière Circée) que dans la peinture (on pense par exemple aux célèbres variations de Lucas Cranach l'Ancien sur le thème de Judith).

Freud victime du plaisir ?

Il faut comprendre en ce sens l'expérience d'inquiétante étrangeté rapportée par Freud lors de sa promenade dans une ville italienne. Il s'agit d'une anecdote racontée par Freud dans l'essai consacré à *l'Inquiétante étrangeté* et qui attire également notre attention sur la représentation *Unheimlich* (à la fois inquiétante et familière) du plaisir : Freud y relate le rôle joué par la répétition dans ce phénomène :

« Un jour que je flânais, par un chaud après-midi d'été, dans les rues inconnues et désertes d'une petite ville italienne, je tombai par hasard dans une zone sur le

---

1. M. Schneider, *op. cit.*, pp. 121-122.
2. *Ibid.* , p. 161.

caractère de laquelle je ne pus longtemps rester dans le doute. Aux fenêtres des petites maisons, on ne pouvait voir que des femmes fardées et je me hâtai de quitter la ruelle au premier croisement. Mais, après avoir erré pendant un moment sans guide, je me retrouvai soudain dans la même rue où je commençai à susciter quelque curiosité, et mon éloignement hâtif eut pour effet de m'y reconduire une troisième fois par un nouveau détour. Mais je fus saisi alors d'un sentiment que je ne peux que qualifier d'Unheimlich, et je fus heureux, lorsque, renonçant à poursuivre mes explorations, je retrouvai le chemin de la piazza que j'avais quittée peu de temps auparavant[1]. »

Ce qui prouve amplement le rôle de la pulsion de mort, comme compulsion à la répétition. On n'est plus dans l'opposition entre principe de plaisir et principe de réalité, mais dans la pulsion de mort.

Le plaisir et la sublimation des pulsions sexuelles

Il est un seul aspect du plaisir qui permette à Freud de réhabiliter le plaisir : lorsqu'il est activé par des processus sublimatoires comme dans le plaisir esthétique et le mot d'esprit. Alors l'abandon à l'autre est possible sans risque de destruction du Moi.

L'effet de plaisir du *Witz*

À l'inverse de la sexualité qui est une dépense, le gain de plaisir du *Witz* se situe dans l'économie, dans l'épargne de cette dépense libidinale, surtout s'il s'agit de bons mots « tendancieux », c'est-à-dire à contenu obscène déguisé :

---

1. « L'Inquiétante étrangeté » (1919) in *L'Inquiétante étrangeté et autres essais*, Ed. Gallimard, coll. « Folio », pp. 239-240.

> *« Le plaisir ainsi acquis correspond à une épargne de l'effort psychique [qui aurait été] nécessité par l'inhibition ou la répression [et apparaît] comme le secret du plaisir procuré par l'esprit tendancieux[1]. »*

Cette épargne libidinale signifie que le sujet peut trouver une issue à ses pulsions sexuelles à moindre coût, sans avoir à combattre la censure toujours en vigilance sur la scène sociale. Ainsi le *Witz* a-t-il une forte valeur ajoutée du côté du plaisir gagné : non seulement il permet l'expression de tendances refoulées en trompant la censure, mais aussi, faisant coup double, il permet au bon mot de « toucher » le public visé et donc de séduire.

Freud et le plaisir esthétique

Dans « Le Moïse de Michel-Ange » (1914)[2], on assiste à un retournement complet de la position freudienne. Dès le début de ce texte célèbre, après avoir affirmé sa position de profane en matière d'art, Freud cherche à comprendre l'énigme de sa fascination pour l'art en général : il part de l'affect, et prend pour exemple l'émotion qu'il ressent face au Moïse de Michel-Ange, œuvre magistrale vue pour la première fois lors de son séjour à Rome en 1901 et qu'il ne se lasse pas de revoir à chaque nouveau séjour dans la Ville éternelle. Cette fascination est littéralement pétrifiante et Freud n'avoue qu'à contrecœur cet abandon au plaisir, qui n'est pas loin chez lui du déplaisir :

> *« Pendant trois semaines de solitude, [...] je suis resté debout tous les jours dans l'église, en face de la statue, l'étudiant, la mesurant, la dessinant, jusqu'à ce que s'éveille en moi cette compréhension que, dans mon essai, je n'ai osé présenter que d'une façon anonyme. Ce n'est que beaucoup plus tard que j'ai légitimé cet enfant non analytique[3]. »*

---

1. S. Freud (1905) *Le Mot d'esprit et ses rapports avec l'inconscient,* trad. française 1930, rééd. 1974, Ed. Gallimard, chapitre III, p. 196.
2. S. Freud, *L'Inquiétante étrangeté et autres essais, op. cit.,* p. 87.
3. S. Freud, lettre à Eduardo Weiss, *Correspondance* 1873-1939, trad. française 1966, Ed. Gallimard, p. 452, cité dans *L'Inquiétante étrangeté, op. cit.,* p. 86.

Réticences, honte, sentiment de transgression d'un interdit, se mêlent à la fascination. Freud doit se battre contre un interdit intérieur, celui de l'abandon au plaisir. Et même le secours de la rationalisation par l'écriture ne le libère pas totalement de ces affects négatifs : ils sont sans doute la marque de l'intensité du plaisir freudien.

Freud fait du *désemparement* de notre intelligence (*Ratlosigkeit*) la condition sans doute nécessaire des plus grands effets que puisse produire une œuvre :

> « *J'ai été rendu attentif au fait apparemment paradoxal que justement quelques-unes des créations artistiques les plus grandioses et les plus subjugantes sont restées opaques à notre entendement. On les admire, on se sent dominé par elles. [...] Une telle perplexité de notre entendement compréhensif serait peut-être une condition nécessaire pour que se produisent les effets les plus élevés qu'une œuvre d'art est censée susciter[1].* »

Dans ce cas, le plaisir consiste non pas à dominer, mais à être dominé, à s'abandonner au plaisir de contempler, à se laisser subjuguer par quelque chose de plus grand que soi, le Moi renouant ainsi avec la position masochiste « saine » du petit enfant qui s'abandonne au père initiateur : alors le Moi connaît, non la destruction, mais l'accroissement de son Moi par l'expérience de l'altérité – par introjection de l'œuvre qui prend la place de l'autre initiateur. Au fond, ce n'est que par l'intermédiaire du plaisir esthétique que Freud s'autorise à faire du plaisir autre chose que la maîtrise de l'excitation (*Reizbewältigung*). Dans ce seul cas Freud ne voit pas le plaisir comme menaçant le Moi de dissolution.

Leonard de Vinci

Le texte consacré à Leonard, *Un souvenir d'enfance de Leonard de Vinci* (1910) permet, à Freud, qui s'identifie – sans doute

---

1. S. Freud, « Le Moïse de Michel-Ange », in *L'Inquiétante étrangeté, op. cit.*, pp. 173-174.

inconsciemment – à l'artiste, de pousser plus loin le renversement évoqué ci-dessus. En explorant le conflit intérieur de l'artiste entre son désir de savoir, d'emprise, de maîtrise, et la sensibilité, le potentiel créateur, Freud rappelle que l'emprise prenant le dessus a des aspects autodestructeurs, le Moi artiste perdant en créativité.

Le plaisir et l'objet

Le texte du « Leonard » permet d'aborder l'expérience de la perte en la situant à un autre niveau que dans le Moi, cette fois dans l'objet. L'analyse de la relation satisfaisante et douloureuse à la mère permet de pointer la dimension de nostalgie (*Sehnsucht*) sans doute partie intégrante de l'expérience du plaisir. L'objet se trouve alors à la fois dans l'éloignement, la perte définitive et en même temps il est l'horizon de tout désir. L'expérience du plaisir viendrait raviver cette expérience douloureuse de la perte de la mère tout en présentant-préservant le fantôme de celle-ci, ce qui rappelle le fameux jeu de la bobine, le *fort-da*.

Par ailleurs, le dédoublement fantomatique de l'objet (présent et absent en même temps) a lieu aussi chez le sujet de l'expérience du plaisir : en effet dans le rapport de tendresse entre la mère et l'enfant, ce dernier occuperait la place d'un ersatz de partenaire sexuel dont il ne serait que le double absent (Freud se place dans le cas de figure de la mère de Léonard ayant été abandonnée par le père). L'expérience intime du plaisir serait donc doublement traversée par la perte, chacun des deux partenaires venant combler de façon illusoire la satisfaction de l'autre.

Donc l'expérience-épreuve du plaisir fait se profiler deux risques contradictoires pour le Moi : a) le risque d'une perte du Moi par le plaisir (absorption-fusion par l'autre) qui devient une expérience désubjectivante par l'abolition des frontières du Moi ; b) *a contrario*, le pouvoir de maîtrise venant tuer l'œuvre, se profile le risque inverse : celui de la perte de la capacité créatrice du Moi et du plaisir engendré par celle-ci.

Vers l'éthique ?

La question du plaisir, qu'elle se décline en principe de plaisir, en principe de Nirvana, ou en pulsion de mort, fait partie de la métapsychologie, cette partie hautement spéculative de l'œuvre de Freud. Celle-ci étant marquée par le scientisme de l'époque, et donc prétendant décrire les phénomènes de façon objective, comment dans ces conditions articuler cette position avec l'éthique ? La pensée de Freud sur le plaisir est-elle morale ? La partie métapsychologique de l'œuvre de Freud ne peut contenir qu'en creux une portée éthique, puisqu'elle annule toute référence au Souverain Bien et n'est pas non plus de nature injonctive, comme peut l'être la pensée des philosophes moralistes. Freud n'est ni Lucrèce ni Sénèque, il est un thérapeute et un chercheur.

La science ou la morale ?

C'est dans *Au-delà du principe de plaisir* que réside la réponse à notre question. Tout au long de l'essai, Freud ne sort jamais du discours économique prédominant dans la métapsychologie, accompagné de nombreuses références au positivisme de l'époque : les images scientifiques et les incursions sont nombreuses dans la biologie notamment l'étude des cellules, l'anatomie, la physique et l'éthologie.

Ce n'est qu'à la fin du chapitre 6 que Freud va au détour d'un paragraphe refuser au discours qu'il vient d'établir le statut de vérité scientifique et le poser du côté de la pure spéculation – ce qui est d'habitude la place qu'il réserve à la philosophie. Mais, nouveau retournement, il déclare ensuite ne pas « croire » à la validité de ses hypothèses :

> « *Je ne suis pas moi-même convaincu [...] et je ne demande pas aux autres d'y croire*[1]. »

Il refuse donc de faire de ses hypothèses un dogme que l'on peut soumettre à la « croyance », dont on sait que celle-ci est la

---

1. *Au-delà du principe de plaisir*, op. cit., p. 120.

forme réservée aux illusions, aux faux savoirs, bref à la religion. Et enfin, dernier postulat, il assume le côté transgressif de sa pensée dont il affirme avec humour le côté diabolique – c'est que la métapsychologie a souvent été désignée par lui comme « l'appel à la sorcière » :

> « *On peut poursuivre [une idée] aussi loin qu'elle mène et ceci par simple curiosité scientifique, ou, si l'on veut, en se faisant l'avocat du diable.* »

Vers une éthique de la psychanalyse

La ligne de conduite morale est ici clairement affichée : recherche de la vérité sans aucun tabou et en ne cédant jamais aux préjugés ni aux interdits moraux. Mais Freud ajoute avec ironie :

> « *[Ce] qui ne signifie pas pour autant qu'on ait vendu son âme au diable[1].* »

Autrement dit, il n'est pas question de céder d'un pouce sur l'éthique. En faisant au dernier moment et *in extremis* une analyse psychanalytique de toute sa spéculation, Freud va retourner le discours scientifique en en montrant l'envers – nécessairement moral, dénonçant par là même l'autre illusion –, celle de la science – aussi grave que celle de la religion : l'illusion de l'impartialité. Il y a de l'inconscient, nous dit Freud, même et surtout dans la science :

> «*Mais, malheureusement, on est rarement impartial lorsqu'il s'agit de choses dernières, des grands problèmes de la science et de la vie[2]. Je crois que chacun de nous est alors sous l'emprise de préférences profondément enracinées que nous ne faisons que servir à notre insu dans nos spéculations[3].* »

---

1. *Idem.*
2. Et on a envie d'ajouter : le plaisir et la mort.
3. *Ibid.*, p. 121.

Freud révèle ainsi l'impensé de la science : si l'on pense sortir de la morale en adoptant le discours scientifique, c'est une nouvelle illusion[1]. Freud prend une position d'une radicalité inouïe : prenant la parole en tant que sujet du discours spéculatif, il en assume la portée scientifique (son *télos*) mais ne revendique pas sa validité, et y adjoint la position éthique comme étant inhérente – inconsciente – à son discours. On peut donc penser que c'est précisément ce renoncement à l'éthique qui parvient à construire pour la psychanalyse cette place si originale : cette sortie de l'éthique est une nouvelle éthique, celle de la psychanalyse, et l'objet de celle-ci n'est pas l'objet de la science, même si la psychanalyse, par défaut, a besoin d'avoir recours aux images de la science. Car aucun langage n'existe pour décrire l'objet de la psychanalyse, l'inconscient.

C'est grâce au dépassement du principe de plaisir, au bout de trente ans de réflexion, que Freud théorise finalement bien plus que le plaisir : la sortie de la philosophie, certes depuis longtemps amorcée, mais aussi la fin de l'alibi des sciences pour la psychanalyse.

Tel est le véritable enjeu d'*Au-delà du principe de plaisir* : creuser le sillon de la psychanalyse au-delà de la philosophie tout en maintenant l'éthique, mais aussi au-delà des sciences qui, Freud l'avait déjà compris en 1920, vont devenir une nouvelle religion. L'éthique psychanalytique consiste à maintenir l'exigence de vérité vis-à-vis de l'inconscient psychique sans avoir recours ni à l'une (la philosophie) ni à l'autre (la science).

Pour finir...

Dans sa vie, Freud ne fut pas un homme de plaisir (*lebensman*) : tout entier occupé par la diffusion de la psychanalyse, par les cures de ses patients, par l'écriture de ses essais, par la vie des groupes psychanalytiques, les soucis causés par sa famille, et

---

1. C'est peut-être ce que Lacan entend lorsqu'il dit que le sujet de l'inconscient est le sujet de la science.

plus tard par sa propre maladie, Freud n'avait que peu de temps pour son « plaisir ». On ne peut non plus rattacher sa théorie aux différentes philosophies qui font du plaisir le souverain bien : nul hédonisme chez lui. Le plaisir n'est pas une fin : il ne trouve sa place que comme processus économique permettant d'expliquer le fonctionnement de l'appareil psychique. Le titre de son essai *Au-delà du principe de plaisir* est clair : dès 1920, Freud fera de la pulsion de mort la véritable clé de l'énigme de la condition humaine.

10/ **Onfray**
ou le nouvel hédonisme

Pour commencer...

Michel Onfray est né en 1959 et a vécu son enfance à Chambois, dans le pays d'Argentan, où il séjourne encore aujourd'hui. Dans *Le post-anarchisme expliqué à ma grand-mère*, il raconte : « j'ai vécu, jusqu'à l'âge de dix ans, dans la crainte des coups » – coups infligés par une mère qui avait subi le malheur du placement à l'Assistance publique ; le père est ouvrier agricole, a une vie de misère. Les années de collège se passent dans un orphelinat de frères salésiens où règne la haine des désirs et de l'intelligence – « l'enfer sur terre ». Plus tard, pour un petit boulot, il travaille dans une fromagerie : il en part avec fracas, connaissant alors « la première jouissance du refus », mais faisant aussi le serment de solidarité avec les humiliés. Puis c'est le lycée mixte, et des lectures décisives : Marx, l'analyste du capitalisme, Nietzsche, le pourfendeur de morales asséchées, Freud, le décrypteur des pensées inconscientes. D'où les études de philosophie, la profession d'enseignant. Il enseigne dans un lycée technique, où les routines du métier lui font méditer de fonder un nouveau type d'enseignement et de diffusion de la philosophie.

La Normandie le retient : la terre, « le jeu des nuages », et de vieilles amitiés, comme celle de Pierre Billaux, qui lui fait découvrir la pensée anarchiste. C'est pourquoi, en 2002, il franchit un nouveau cap en fondant l'Université populaire de Caen. Plébéien assumé, il le proclame : l'Université populaire n'est pas l'antichambre d'une révolution, elle est « un dispositif existentiel », « un dispositif polyphonique » ; car « dans un monde libéral où la valeur se trouve constituée par la vénalité, il est bon, et de saine résistance politique, d'affirmer la force du bénévolat et la puissance de la gratuité[1]. »

Les cours qu'il y dispense constituent peu à peu les étapes de ce qu'il appelle une *Contre-histoire de la philosophie* : la réhabilitation d'une forme de pensée qui a été généralement exclue, considérée comme subversive – et qui se nomme tour à tour atomiste, matérialiste, épicurienne, sensualiste, empiriste, pragmatique,

---

1. *Rendre la raison populaire*, Ed. Autrement, pp. 68, 80 et 57.

contractualiste, déiste, panthéiste, athée, anarchiste, communiste, socialiste, libertaire. En 2006 naît aussi l'Université populaire du goût, qui s'oriente vers la réinsertion des « victimes du libéralisme ».

Connais-toi toi-même, donc jouis !

L'ennemi désigné : l'idéalisme

Au long des années et à travers ses œuvres, Michel Onfray bataille contre l'idéalisme, « la philosophie des vainqueurs depuis le triomphe officiel du christianisme devenu pensée d'État[1] ». Le projet poursuivi est philosophique, en ce qu'il fait la critique systématique des discours qui ont pour effet, sinon pour intention, de dissimuler le réel. Toute l'histoire de la philosophie, dit-on, est héritière de Socrate, qui veut nous apprendre à mourir, et de la théorie des Idées, par laquelle Platon fonde la pensée sur une métaphysique. C'est une perspective grandiose, un projet sans limites – mais nuisible aussi, dès lors qu'il rend aveugle aux forces réelles de la vie, et dépossède le penseur de sa puissance d'exister…

> « *La création d'arrière-mondes ne serait pas bien grave si elle ne se payait du prix fort : l'oubli du réel, donc la coupable négligence du seul monde qui soit. Quand la croyance fâche avec l'immanence, donc soi, l'athéisme réconcilie avec la terre, l'autre nom de la vie[2].* »

Qu'est-ce qui nous retient au monde ? Le propos de Michel Onfray est de parcourir sans préjugés les territoires du réel. Les territoires géographiques, d'où il tire une poétique ; mais le voyage est avant tout une exploration du moi. Si l'on croit pouvoir, en voyageant,

---

1. *Contre-histoire de la philosophie* [désormais notée *CHP*], I, Ed. Grasset/ Livre de Poche, p. 18.
2. *Traité d'athéologie*, Ed. Grasset, p. 23.

fuir ses malheurs, ses souffrances, son ennui, en parcourant la terre, on se fourvoie :

> « *Loin d'être une thérapie, le voyage définit une ontologie, un art de l'être, une poétique de soi[1].* »

L'essentiel est la rencontre de soi, c'est-à-dire non pas, en général, de sa nature d'être rationnel, comme le dit la tradition depuis Aristote, mais de sa singularité absolue, dont l'expérience affective – plaisirs et douleurs, passions de toutes sortes, désirs impitoyables – est la véritable institutrice.

La puissance d'exister

L'essentiel est dans le plaisir de la vie qui se donne sans méthode, et qu'il nous faut affronter sans cesse dans l'impréparation. Certes, l'éducation et la vie sociale nous fournissent des principes de savoir-vivre, elles nous plient à des lois, nous assignent à des fins. Mais elles nous masquent aussi ce qui fait de nous des êtres sans pareils. Michel Onfray attend du plaisir une révélation de ces secrets de la vie, secrets de tous et de chacun – quoi de plus naturel, matériel, gratuit, exaltant, personnel et partageable à la fois que le plaisir ? La philosophie est donc d'abord un art de jouir.

Quand je danse, je danse

N'était-ce pas l'objet d'un autre philosophe, bordelais celui-là, Michel de Montaigne, pour qui « le glorieux chef-d'œuvre de l'homme, c'est vivre à propos » ? Pour lui aussi, le plaisir est un critère sûr dont la nature nous a gratifiés pour nous conduire en cette vie, plus clairement que ne le pourraient les efforts de la raison. Le plaisir est par lui-même signe de bonté, la douleur, signe de nuisance. « Quoi que je reçoive désagréablement me nuit ; et rien ne me nuit que je fasse avec faim et allégresse. Je n'ai jamais

---

1. *Théorie du voyage*, Ed. Livre de Poche, p. 86.

reçu nuisance d'action qui m'eût été bien plaisante ». On ne peut nier que dans la vie « il faut apprendre à souffrir ce qu'on ne peut éviter ». Mais il serait stupide de ne pas prêter attention à nos inclinations intimes. Car « Nature a maternellement observé cela, que les actions qu'elles nous a enjointes pour notre besoin nous fussent aussi voluptueuses ». Plus encore, nous pouvons prendre exemple sur les grands conquérants, César ou Alexandre, chacun ayant su, au cœur même de ses campagnes militaires, donner du temps aux plaisirs de la table et de l'amour – et ainsi, « au plus épais de sa grande besogne, jouir si pleinement des plaisirs humains et corporels ». Pour Montaigne, c'est un principe de haute éthique : « Quand je danse, je danse, quand je dors, je dors ». Et pour tout dire, « c'est une absolue perfection, et comme divine, de savoir jouir loyalement de son être[1] ». De même, pour Michel Onfray, « les humains doivent viser dans la vie ce que la nature leur indique : la volupté. De surcroît, la recherche du plaisir est également un plaisir[2]. »

Le nihilisme de la chair

La reconnaissance d'une philosophie positive du plaisir implique la mise en accusation de l'ascétisme, surtout dans sa forme chrétienne. Certes, il arrive que la Bible, le *Cantique des Cantiques*, par exemple, fasse résonner les vibrations de l'éros. Mais en réalité, ce livre célèbre beaucoup plus le désir du plaisir que le plaisir lui-même, il « triomphe en machine du désir – mais sûrement pas en traité du plaisir[3]. » Pour Onfray, il faut radicalement rendre le mot « plaisir » de nouveau acceptable, en le déchargeant des tombereaux de qualificatifs négatifs qui

1. Montaigne, *Essais*, « De l'expérience », Ed. Livre de Poche, pp. 1727, 1692, 1697, 1740.
2. *CHP*, t. 2, p. 285.
3. *Le souci des plaisirs* [désormais noté *SP*], Ed. Flammarion, p. 21.

l'ont discrédité depuis des siècles. Il faut dénoncer la faveur du christianisme pour les propositions oxymoriques qui préparent le fidèle à vivre d'une existence d'ectoplasme dépourvu des plaisirs du corps réel : ainsi le dogme de l'Incarnation – qui fait de Dieu un homme né d'une vierge –, l'annonce de la Résurrection – qui fait du Christ un mort vivant, etc. Pour tout dire, le corps donné en modèle, celui du Christ, n'est qu'une fiction – c'est pourquoi, à sa suite, le corps chrétien n'est qu'un anticorps, une chair désincarnée, un corps incorporel, une matière immatérielle. Bref, le désir chrétien est écartelé entre deux propositions qui évacuent comme mauvaise l'expérience du plaisir : d'une part la virginité, la chasteté, la continence ; d'autre part le martyre, la Passion, la souffrance.

> « *Le christianisme a nié le corps ; il a exigé le célibat, la continence, la chasteté ; il a théorisé la haine des femmes, construit un édifice conceptuel misogyne et phallocrate ; il a voué aux gémonies l'invention de l'intelligence, une production explicitement signée par Ève ; il a célébré le corps malade, mutilé, maltraité, avili ; il a joui du martyre ; il a transformé la sexualité en malédiction ; il a persécuté à mort tout amant de la vie, tout amoureux des corps, tout passionné de l'existence ; il a célébré le nihilisme comme le sens le plus certain de la terre ; il a fâché les hommes avec le monde, sa matière, sa prose, sa chair ; il a fustigé l'érotisme, une création satanique, infernale, démoniaque, une perversion des anges déchus ; il a préféré l'anticorps d'une fiction [c'est-à-dire le corps du Christ] à la beauté des corps réels ; il a sali la chair ; il a craché sur le visage des femmes ; il a sali leurs ventres et discrédité le sang vivant qui s'en écoule ; il a décrété l'impureté des sexes féminins, ces fleurs de chair sans pareil ; il a rendu impossible les caresses solaires, les baisers de lumière, les tendresses charnelles, les voluptés partagées : il a inventé un éros nocturne dans la nuit*

*duquel nos corps gisent toujours comme dans un linceul
sans aromates[1]. »*

Ajoutons qu'aujourd'hui le nihilisme de la chair prête son
concours au consumérisme libéral – qui fait de toute expérience
l'occasion d'un profit – et à l'industrie pornographique qui en est
le reflet – elle qui rejette le corps dans l'enfer de la marchandise,
de la convoitise abjecte, de la violence, du mépris, dont les femmes
sont les victimes les plus exposées[2].

À vrai dire, Onfray admet aussi qu'on ne peut guère trouver dans
les paroles de l'Évangile, dans la bouche même du Christ, de quoi
justifier cette haine du corps. La responsabilité du « devenir
thanatophilique du christianisme » incombe en réalité à saint
Paul, qui veut propager dans l'humanité l'idéologie de la chair qui
reflète son impuissance sexuelle[3].

En outre, il y a un christianisme hédoniste, hétérodoxe, celui
des écrits gnostiques, puis des Frères et Sœurs du Libre-Esprit,
chez qui Onfray aperçoit « la première philosophie européenne
cohérente ». Leur argument est le suivant : s'il est vrai que le Christ
est l'incarnation de Dieu, s'il partage la condition humaine, ne
peut-on dire que la vie humaine dans son intégralité est justifiée ?
Mais alors, l'expérience charnelle n'est-elle pas de plein droit
une expérience divine ? Un tel raisonnement court-circuite le
clivage et le conflit qui séparent la vallée de larmes et la félicité
paradisiaque :

> *« Être au monde, c'est être en Dieu. De sorte que pour être
> en Dieu, il suffit d'être au monde ».*

Cela autorise une réinterprétation de la vertu de charité, car
l'amour du prochain devient prioritairement l'amour de son
corps ; bref, « Dieu réside dans les plaisirs de la nature[4] ».

---

1. *SP*, p. 31.
2. *SP*, p. 190.
3. *SP*, pp. 24 et 47.
4. *CHP*, t. 2, pp. 97 et 100.

L'expérience intégrale de la vie

Le parti pris du corps

Le christianisme n'est cependant pas seul en cause. Il n'est que l'un des représentants, certes éminent, de la pensée fausse – fausse parce qu'illusoire, mais aussi oppressive et persécutrice. L'histoire des idées est traversée par ce combat de géant dont parlait déjà le *Sophiste* de Platon : le conflit des Amis de la Terre et des Amis du Ciel, du matérialisme et de l'idéalisme. Selon Michel Onfray, le christianisme (ou du moins sa version cléricale) a bénéficié de sa collusion avec la philosophie (ou du moins avec son enseignement universitaire). De cette alliance est sortie une représentation de l'histoire qui retient de la philosophie « le pythagorisme, l'idéalisme platonicien, le dolorisme stoïcien, l'augustinisme bien sûr, la patristique latine et grecque, le spiritualisme thomiste, la scolastique catholique, le cartésianisme, pour son dualisme et sa substance pensante, le kantisme et l'hégélianisme, pour leur formulation dans la langue allemande de l'idéal de saint Paul ». À cette histoire convenue, Onfray oppose une contre-histoire où apparaissent, entre autres, l'atomisme abdéritain, l'épicurisme grec, surtout dans sa version romaine, moins ascétique, mais aussi le gnosticisme licencieux, et « les libertins baroques, les ultras des Lumières, les socialismes libertaires, les radicalités existentielles du XIXᵉ siècle, le vitalisme nietzschéen, les freudiens hérétiques, etc[1]. ».

> « *Le point commun à cette constellation de penseurs et de pensées irréductibles ? Un formidable souci de déconstruire les mythes et les fables pour rendre ce monde-ci habitable et désirable. Réduire les dieux et les craintes, les peurs et les angoisses existentielles à des enchaînements de causalités matérielles ; apprivoiser la mort avec une thérapie active ici et maintenant, sans inviter à mourir de son vivant pour mieux partir le moment venu ; construire des solutions avec le monde et*

---

1. *Manifeste hédoniste*, Ed. Autrement, p. 10.

les hommes effectifs ; préférer de modestes propositions philosophiques viables à des constructions conceptuelles sublimes, mais inhabitables ; refuser de faire de la douleur et de la souffrance des voies d'accès à la connaissance et à la rédemption personnelle ; se proposer le plaisir, le bonheur, l'utilité commune, le contrat jubilatoire ; composer avec le corps et ne pas proposer de le délester ; dompter passions, désirs et émotions, et non les extirper brutalement de soi. L'aspiration au projet d'Épicure ? Le pur plaisir d'exister... Projet toujours d'actualité [1]. »

Pour une morale solaire

Le plaisir est le fil conducteur de ce projet qui, parce qu'il « se meut entre désir de volcan et vertus de foudre », il élève un monument à la « philosophie de l'incandescence hédoniste [2] ». L'idée est que le plaisir est libérateur : il faut se laisser enseigner par la jubilation, et tout ce qui lui fait obstacle procède d'une aliénation. À Épicure et à ses disciples, Onfray préfère les philosophes cyrénaïques, et Aristippe le tout premier, pour qui rien ne doit être proscrit, sinon la douleur, car tous les plaisirs se valent. Dans cette pensée, le plaisir est conçu comme un bien, même dans le cas où il vient des choses les plus honteuses : une action peut être honteuse, mais le plaisir que l'on en tire est en soi une vertu et un bien [3].

Faut-il par conséquent mettre à bas toute morale ? Certes pas ! Il y a une mauvaise morale, une morale en échec, celle qui fait valoir les droits de la mort plutôt que de la vie : la morale pour qui la chair, les corps, les désirs, les enthousiasmes mêmes, sont rejetés pour faire place aux dégoûts, à la pudibonderie, aux ascèses factices, aux principes, pire encore, au règne de la culpabilité. Et il arrive malheureusement que l'éthique serve à dispenser notre époque d'une véritable moralité. Mais il y a aussi une morale matérialiste, qui est l'antidote de la première. Prenons un

---

1. *La puissance d'exister*, Ed. Livre de Poche, p. 77.
2. Successivement *Les vertus de la foudre* [désormais noté *VF*], Ed. Grasset, p. 19 ; et *CHP*, t. 1, p. 26.
3. *Cf.* Diogène Laërce, *Vies et doctrines des philosophes illustres*.

exemple : la sexualité. Le sexe du surmoi (culpabilisant), le sexe du ça (avilissant) et l'essentialisme sexuel (qui parle abstraitement et par généralités de la Femme et de l'Homme) doivent faire place au sexe du moi singulier, inventant son érotisme, et capable de contrat intersubjectif. Pourquoi n'y aurait-il pas une « version libertaire » de l'usage des corps ? Ne pourrait-on élaborer une « pornographie philosophique » destinée à « l'édification existentielle » des spectateurs[1] ?

Il importe de travailler à une « érotique solaire » susceptible d'éradiquer « la misère sexuelle généralisée », les névroses et les anesthésies psychiques chez les hommes, la frigidité chez les femmes, les effets de la morale dominante dont Freud, dans *Malaise de la civilisation*, fait la généalogie et le diagnostic. Les spiritualités hindoues nous en donnent l'exemple : nous avons besoin d'une « philosophie des Lumières sensuelles[2] ». L'art peut y contribuer, comme le montrent par exemple les photographies d'Ariane Lopez-Huici, ses « icônes païennes ». Loin de l'idéal ascétique et des « corps lisses » de la publicité, elle expose « le corps réel, travaillé par la cellulite, le gras, la matière, le sperme, la libido, l'énergie, le désir, les pigments, les muscles », « ceux de l'éternelle intimité, de la pudeur redéfinie[3] ».

Algodicée

Voudrait-on soupçonner l'hédoniste d'être un optimiste béat ? Non certes, car s'il se prête à la chair, c'est pour en accepter toutes les expériences, sans méconnaître ses souffrances. Toute philosophie prend sa naissance dans une expérience du corps, toute pensée procède « de l'interaction entre une chair subjective qui dit je et le monde qui la contient ». Le corps accumule les tensions, les contradictions font leur œuvre en lui, et un jour se produit – une fois, comme en un hapax existentiel – un enregistrement des transformations, qui se traduit par des troubles physiques (« transpirations, pleurs, sanglots, tremblements, suspension de la conscience, abolition du temps,

---

1. *SP*, p. 186.
2. *SP*, pp. 9, 14 et 27.
3. *VF*, pp. 46 et 48.

abattement physique, libérations vitales »), avant que la pensée fasse son œuvre. Chez Socrate, c'est l'ivresse dionysiaque, chez Descartes, ce sont des rêves fondateurs, chez Pascal, des maladies expiatoires, et chez Nietzsche, « migraines, ophtalmie, nausées, vomissements[1] ».

> « *Toute existence est construite sur du sable, la mort est la seule certitude que nous ayons. Il s'agit moins de l'apprivoiser que de la mépriser. L'hédonisme est l'art de ce mépris[2].* »

Selon Michel Onfray, un philosophe authentique a connu son « algodicée » – c'est-à-dire à la fois la traversée de la douleur, mais aussi la compréhension, sinon la justification, des passions par la raison, et la plongée dans des expériences dont il faut tirer une leçon. Ainsi son *Art de jouir* (titre emprunté à La Mettrie) commence par le bref compte rendu de l'infarctus qui l'a frappé à l'âge de vingt-huit ans : « ce lundi 30 novembre, mon corps fit l'expérience d'une sapience qui se transformera en hédonisme ». Ce fut une « sapience », car la douleur est aussi irrécusable que le plaisir : elle nous apprend qu'il est vain de croire que notre moi est, par lui-même ou en son être, de plain-pied avec l'existence.

> « *Souffrir comme une bête, c'est en effet connaître cette désertion de la conscience et de l'intelligence puis l'émergence d'un devenir immonde – la chair comme unique réceptacle de la mort, comme le lieu d'élection du trépas.* »

Nous pourrions croire que la vie est plaisante, que par nature elle s'offre à notre prise, que nous en sommes les destinataires désignés. Mais non, et le plaisir ignorant de la douleur serait stupide :

---

1. *La puissance d'exister*, p. 81.
2. *Ibid.*, p. 20.

> « *La douleur est une odyssée singulière qui possède, avec le plaisir, l'étrange privilège de révéler la solitude, de montrer l'évidence métaphysique dans des clartés aveuglantes et terrorisantes*[1] ».

L'expérience hédoniste atteint des sommets. Ainsi le philosophe américain David Thoreau n'est-il pas admirable seulement parce que, vivant loin du confort des villes, il simplifie ses activités (habiter, marcher, faire la cuisine, etc.), mais aussi par son désir de lucidité. Lorsqu'il est atteint par la tuberculose, Thoreau refuse les analgésiques :

> « *Il veut jouir des sensations de l'agonie : non pas de l'agonie, mais des sensations. Car jouir des sensations, c'est être, vivre, et que vivre est une fête, sans cesse, tout le temps. Et que cette fête est parce qu'on la veut, qu'on la souhaite, la sollicite, y aspire. Cette volonté de jouissance évapore la réalité négative, elle pulvérise le mal*[2]. »

L'expérience hédoniste connaît aussi des revers, comme le montre, chez Brummell, le fameux dandy, la tentative d'égaler son existence à la hauteur d'un personnage conceptuel. Fondant son succès sur la cruauté de ses bons mots, il sombre ensuite dans la déchéance :

> « *Le dandysme se construit plutôt une religion intime qui permet la sculpture de soi en vue de produire une individualité rare et précieuse*[3]. »

Mais elle est nourrie d'artifice, d'amour-propre, de solitude, même en compagnie.

---

1. *L'art de jouir*, Ed. Livre de Poche, successivement pp. 14, 15 et 18.
2. *CHP*, t. 6, p. 128.
3. *Vie et mort d'un dandy*, Ed. Galilée, p. 83.

La célébration des plaisirs

La fête de l'existence : la gastronomie
La fête existentielle se produit dans

> « *Les microsociétés hédonistes, les affinités électives, les plaisirs généralisés, les soucis d'altérités voluptueuses, la célébration sensualiste du monde, le matérialisme dionysien, l'amitié[1].* »

Car la vraie philosophie est une méditation de la vie et non de la mort, comme le disait Spinoza. Bien avant la fondation de l'Université populaire du goût, Michel Onfray a longuement fait l'éloge du bien manger et de la boisson délectable.

> « *Les philosophes hédonistes célèbrent la fête des sens, n'en négligent aucun, exacerbent les plus oubliés [...]. Ils savent sentir, goûter, toucher, respirer, entendre, regarder, et se font une joie de faire fonctionner ces mécanismes subtils qui permettent au monde de se faire formes, effluves, volumes, couleurs, parfums, sons, températures. Le sensible est sensuel, la peau du réel mérite souci[2].* »

Originellement, le plaisir gustatif est l'événement le plus simple qui soit. C'est le plaisir quotidien des plats doucement préparés par la mère. Mais « mon meilleur souvenir gastronomique », témoigne Onfray, « c'était une fraise dans le jardin de mon père » :

> « *L'espace d'un instant — une éternité —, je fus cette fraise, une pure et simple saveur répandue dans l'univers et contenue dans ma chair d'enfant. De son aile, le bonheur m'avait frôlé avant de partir ailleurs. Depuis, je guette le retour de cet ange hédoniste dont j'ai tant aimé les rémiges et le souffle[3].* »

1. *VF*, p. 33.
2. *L'art de jouir*.
3. *La Raison gourmande*, pp. 21 et 23.

Autant dire que les plaisirs de bouche sont une initiation et un culte.

Les plaisirs de la gastronomie ne sont pas des jouissances animales. Le plaisir de la variété des saveurs s'accroît encore du sentiment qu'une alliance se noue avec un terroir : au Périgord son confit, à la Bretagne ses huîtres, aux Vosges les mélanges de fromage cuit. Mais surtout, le plaisir gastronomique n'est pas solipsiste, il ne trouve son épanouissement que dans le partage. Onfray se met à l'école des théoriciens du goût, tel Grimot de La Reynière, auteur d'un *Manuel des amphitryons : ouvrage indispensable à tous ceux qui sont jaloux de faire bonne chère, et de la faire faire aux autres* (1808). Dans une réception, les codes de l'hospitalité constituent une « politesse gourmande dont la quintessence est le contrat gastronomique synallagmatique » : la réception gourmande est l'institutrice des relations civiles. L'hédonisme crée des obligations. Ce sont des obligations contraignantes et douces : arriver à l'heure fixée, entretenir la conversation, vider son assiette et son verre, éviter de médire de son hôte...

La célébration des forces corporelles ne peut manquer de réhabiliter les vins et les alcools, pour « l'ivreté » cependant, plutôt que pour la basse ivresse. Le vin est violent, en même temps que subtil. L'art avec lequel sont fabriqués les meilleurs vins, et la diversité proliférante de ceux-ci, contribuent à rendre sensible l'unité de tous les arts :

> « *Le champagne aime le ciel quand d'autres vins chérissent la terre ; il vénère ce qui est aérien, éthéré, jusqu'à se faire du gaz un allié ; il est complice du temps plus que de l'espace, car le terroir n'est pas son domaine de prédilection. En tout cela, il peut être apparenté à la musique — là où le bordelais serait peinture, le bourgogne sculpture* ».

Quant à l'alcool d'eau-de-vie et les « parties volatiles des aromates », ils font de la chair une « matière explosive », et la conduisent « vers les sphères où dansent l'air et les âmes » : « Une petite phénoménologie de la part des anges dira quelle musique des sphères on peut entendre là où les vapeurs de l'alcool qui respire montent vers le ciel pour y solliciter l'esprit de séraphins, archanges, chérubins et autres habitants du ciel cristallin[1]. »

« *L'abandon au vertige tourbillonnaire est générateur de féeries mentales qui sont parentes de l'enthousiasme, de l'euphorie et de l'extase. Dans cette volonté de jouissance, il y a consentement à l'infusion, en soi, d'un esprit étranger qui devient le maître et possesseur de la danse. Si Dieu devait exister, c'est au creux même des entrailles qu'il faudrait aller le chercher, au sein même de la matière, là où la vie est profusion, tension vers l'abondance, aspiration vers de sublimes dépenses [...]. L'ébriété est la preuve de l'existence d'une énergie par ailleurs négligée[2].* »

L'hédonisme est un humanisme

Le philosophe de l'immanence, attentif à la poésie du monde, trouve dans la littérature le moyen de « restituer une expérience sensuelle pour élargir l'être au monde et la faire partager au lecteur ». Ainsi Michel Onfray trouve-t-il chez Camus non seulement un intellectuel exemplaire, soucieux de vérité au sein même de la politique, mais le penseur de la sensualité, l'écrivain qui dans ses *Noces* – son hymne à l'amour de l'Algérie – propose en acte une « phénoménologie dionysienne ». Pourquoi nous livrer au soleil sur les plages de Tipasa ? Parce que s'y déclare tout ce qu'il y a d'essentiel à vivre, parce que nous y percevons dans l'exaltation notre familiarité, certes précaire, mais toujours possible, avec le monde. Camus nous dit cette immensité simple de la vie, par-delà tous les mythes, quand le corps tombe sur le sable, quand il est happé par l'onde, quand « la

---

1. *Ibid.*, pp. 74, 35 et 197.
2. *Ibid.*, p. 91.

brise est fraîche et le ciel bleu » : « je comprends ici ce qu'on appelle gloire : le droit d'aimer sans mesure. Il n'y a qu'un seul amour dans ce monde. Étreindre un corps de femme, c'est aussi retenir contre soi cette joie étrange qui descend du ciel vers la mer. Tout à l'heure, quand je me jetterai dans les absinthes pour me faire entrer leur parfum dans le corps, j'aurai conscience, contre tous les préjugés, d'accomplir une vérité qui est celle du soleil et sera aussi celle de ma mort[1]. »

Pour finir...

Selon Michel Onfray, seule une philosophie de l'immanence, dont Camus nous donne l'exemple admirable, peut nous aider à faire vraiment notre « métier d'homme » : « l'hédonisme n'est pas une doctrine philosophique, mais une ascèse corporelle concrète », de laquelle, par « profusions sensuelles et sollicitations de la chair » jaillit la vérité[2].

---

1. Camus, *Noces*, Ed. Gallimard, coll. « Folio ».
2. *L'ordre libertaire. La vie philosophique d'Albert Camus*, Ed. Flammarion, p. 107.

Bibliographie commentée

Platon

Les dialogues sur lesquels nous nous sommes appuyés, *Hippias Majeur, Le Banquet, Phèdre* et *Philèbe* sont tous publiés en éditions de poche (Flammarion, coll. « GF » et Livre de Poche).

Aristote

On trouvera de nombreux ouvrages d'Aristote aux Éditions Vrin, ou en format de poche. L'*Éthique à Nicomaque* a souvent été traduite et retraduite. On consultera par exemple la traduction de J. Tricot, aux Éditions Vrin, et la traduction plus récente de Richard Bodéüs, aux Éditions Flammarion, coll. « GF », 2004. Pour une présentation générale de la philosophie aristotélicienne, on peut lire l'*Aristote* de Pierre-Marie Morel, aux mêmes Éditions Flammarion, coll. « GF », 2003.

Aristippe et Épicure

Tous les fragments de la pensée cyrénaïque qui nous sont parvenus ont été rassemblés et édités par Michel Onfray sous le titre *L'invention du plaisir* au Livre de Poche, 2002. La *Lettre à Ménécée* a fait l'objet de nombreuses éditions. Pour une première lecture, l'édition de poche des *Lettres et Maximes* (coll. « Librio », 2006) dans une traduction revue par l'un des meilleurs spécialistes d'Épicure, Jean Salem, est tout à fait suffisante. Au lecteur voulant approfondir sa connaissance de la philosophie épicurienne, nous recommandons l'édition des *Lettres et Maximes* traduites et commentées par Marcel Conche, Éditions PUF, coll. « Épiméthée », 1990. Sur la reprise de la philosophie épicurienne par Lucrèce, on trouve de très utiles aperçus dans le livre d'André Comte-Sponville, *Le Miel et l'Absinthe*, Éditions Hermann, 2008, sous-titré *Poésie et philosophie chez Lucrèce*.

Thomas d'Aquin

Une traduction complète de la *Somme théologique* a été publiée aux Éditions Cerf en 1984. Pour une présentation de la doctrine morale de Thomas d'Aquin, on se reportera aux ouvrages de J. Elders, par exemple *La vie morale selon saint Thomas d'Aquin. Une éthique des vertus*, aux Éditions des Presses Universitaires de l'IPC/ Parole et silence, 2011.

Julien Offray de La Mettrie

Outre la publication des *Œuvres philosophiques* par les Éditions Fayard (dans sa précieuse collection « Corpus des œuvres philosophiques en langue française »), on trouvera quelques éditions séparées. Par exemple, *L'art de jouir*, aux Éditions Joseph K., a été préfacé par Michel Onfray, à qui on doit aussi un chapitre de la *Contre-histoire de la philosophie* sur La Mettrie, aux Éditions Livre de Poche, Vol. 4. Pour une présentation générale de la pensée de La Mettrie, on pourra aussi consulter *La Mettrie, un matérialisme radical*, de Claude Morilhat, Éditions PUF, 1997.

Sade

Sur le libertinage, il est indispensable de lire l'ouvrage de Michel Delon, *Le Savoir-vivre libertin*, Éditions Hachette Littératures, 2000 et/ou celui de Patrick Wald Lasowski, *Le Grand dérèglement*, Éditions Gallimard, 2008. Pour ceux qui n'ont jamais lu Sade, on peut se contenter de *La Philosophie dans le boudoir*, Éditions Gallimard, coll. « Folio classique », 1976, avec une belle et éclairante préface du philosophe Yvon Belaval. Il faut savoir que Lacan avait rédigé une préface pour ce roman, plus connue sous le titre de son fameux article « Kant avec Sade » que l'on trouve maintenant dans les *Écrits* (Éditions Seuil, coll. « Points », 1971). Enfin, Lacan consacre également des chapitres entiers du *Séminaire VII L'Éthique* (Éditions Seuil, 1986) à l'œuvre de Sade qu'il met en regard de la théorie freudienne de la pulsion de mort.

Emmanuel Kant

L'*Anthropologie du point de vue pragmatique* a été traduite et présentée par Alain Renaut aux Éditions Flammarion, coll. « GF ». Aux lecteurs qui voudraient se lancer dans la lecture de la *Critique de la raison pratique*, recommandons la traduction de Luc Ferry et Heinz Wismann, Éditions Gallimard, coll. « Folio », 1989. La *Critique de la faculté de juger* est traduite et présentée par Alain Renaut chez Flammarion, coll. « GF ». Une analyse vraiment très claire de l'esthétique de Kant est proposée par Luc Ferry dans *Le sens du beau*, Éditions Cercle d'art, Paris, 1998.

Jeremy Bentham

Les ouvrages de Bentham font l'objet d'une publication intégrale en anglais. En français, on consultera les publications du Centre Bentham, qui a soutenu par exemple la traduction de l'*Introduction aux principes de morale et de législation*, aux Éditions Vrin, et celles de la « Bibliothèque hédoniste », aux Éditions Encre Marine, en particulier la traduction de la *Déontologie*. L'un des introducteurs les plus persévérants de Bentham en France est Jean-Pierre Cléro, à qui on doit par exemple *Bentham, philosophe de l'utilité*, aux Éditions Ellipses, 2006.

Sigmund Freud

Malheureusement, l'ouvrage le plus intéressant, *Freud et le plaisir*, de Monique Schneider, Éditions Denoël, 1980, est épuisé. On ne peut que recommander sa lecture quoi qu'il en soit. L'essai de Freud *Au-delà du principe de plaisir* se trouve dans les *Essais de psychanalyse*, Éditions Payot, dans une traduction d'André Bourguignon (1981, rééd. en 2001). Depuis que les œuvres de Freud sont tombées dans le domaine public, il existe une nouvelle traduction de l'essai aux Éditions PUF par André Bourguignon en collaboration avec Janine Altounian, Pierre Cotet et Alain Rauzy (2010).

Michel Onfray

Les Éditions Grasset ont publié les ouvrages majeurs de Michel Onfray : son *Journal hédoniste* et sa *Contre-histoire de la philosophie*, qui ont bénéficié d'une réédition aux Éditions Livre de Poche. Aux éditions Galilée, on consultera par exemple *Le Postanarchisme expliqué à ma grand-mère*. *Le principe de Gulliver*. Mais si on veut avoir un résumé plus court encore de la pensée de Michel Onfray, il faut se précipiter sur son *Abrégé hédoniste*, aux Éditions Librio, 2012.

Catherine Merrien

Préface d'André Comte-Sponville

L'AMOUR

De Platon à Comte-Sponville

« Tout amour véritable est compassion : et tout amour
qui n'est pas compassion est égoïsme. » **Schopenhauer**

EYROLLES

Petite philosophie **des grandes idées**

Cyril Morana - Eric Oudin

Préface d'André Comte-Sponville

L'ART

De Platon à Deleuze

« L'art et rien que l'art ! C'est lui seul qui rend possible
la vie, c'est la grande tentation qui entraîne à vivre,
le grand stimulant qui pousse à vivre. » **Nietzsche**

EYROLLES

Petite philosophie **des grandes idées**

Cyrille Bégorre-Bret

Préface d'André Comte-Sponville

L'AMITIÉ

De Platon à Debray

« Deux amis sont comme un seul être
en deux individus. » **Aristote**

EYROLLES

Petite philosophie des grandes idées

Philippe Danino et Éric Oudin

Préface d'André Comte-Sponville

LE BONHEUR

D'Aristote à Comte-Sponville

« Le bonheur, c'est la saveur même de la vie.
Comme la poire a goût de poire, ainsi la vie a goût
de bonheur. » **Alain**

EYROLLES

Petite philosophie des grandes idées

Achevé d'imprimer :
N° imprimeur :
Dépôt légal : ?? 2013
N° d'éditeur : ????
Imprimé en France